KTX
경제 혁명

일러두기 ···

별도의 표기가 없는 한 오재학 외(2010~2017) 「KTX 경제권 특성화 개발 연구사업」
연구보고서와 오재학 외(2012) 「KTX 경제권 발전 전략」 단행본에서 발췌 및
재정리한 것임을 밝힙니다.

KTX 경제 혁명

오재학·권영종·최진석·이주연 지음

The HSR Economic Revolution

트러스트북스

목 차

The HSR
Economic
Revolution

제1부

KTX가
바꾸어 놓은
것은?

01

KTX 개통 15년

전국이 하나의 거대 도시권으로

—

다시랏 만지Dashrath Manjhi는 인도 동부 비하르 주의 가난한 집안에서 1934년 태어난 노동자다. 결혼을 해서 알뜰하게 살아가던 그에게 불행이 닥친 것은 1967년이었다. 아내가 큰 부상을 당한 것이다. 그는 아내를 업고 병원이 있는 도시로 향했지만 그 거리는 70km였고 산이 가로막고 있었다. 결국 아내는 산행길에 죽고 말았다. 다시랏 만지는 다른 사람들이 그와 같은 불행과 슬픔을 겪지 않도록 산을 깎는 '무모한' 일을 시작했다. 단지 망치와 정만을 들고 바위를 깨뜨리고 길을 내는 작업에 뛰어든 것이다. 사람들은 그의 어리석음을 비웃었으나 다시랏 만지는 22년만에 길을 내는 데 성공했다. 그가 22년 동안 뚫은 길의 길이는 폭 8m, 길이 110m였다. 이 짧은 길을 만듦으로써 가장 가까운 병원까지의 거리는 55km에서 15km로 줄어들었다. 현대판 우공이산愚公移山을 온몸으로 실천한 것이다.

다시랏 만지는 단순히 110m의 길을 만든 것이 아니다. 그가 만든 길은 사랑의 길이고, 생명의 길이며, 미래로 향하는 길이다. 길은 이렇게 소중하다.

▌ KTX와 함께한 15년

2004년 4월, 마침내 대한민국에 KTX가 현실로 나타났다. 서울~대구로 시작한 KTX네트워크는 이후 대구~울산~부산으로, 또한 서울~광주로 확장되면서 이제 강원권을 제외한 전국은 KTX의 영향권에 포함되었다. 정부는 단순히 교통부문 투자를 시행한 것이었으나, KTX는 단순한 탈것에 머물지 않고 경제, 문화, 삶을 변혁시키는 소중한 길, 소통의 창구가 되었다. 지방도시는 기존의 지리학적 콤플렉스에서 벗어나 행정중심 도시, 혁신도시로 성장할 수 있었다. 한편 KTX에 의한 지역 간 교류의 증가로 인하여 문화적으로도 그들만의 '다름'을 '신선함'으로 바꾸는 현상이 나타나기 시작했다.

KTX를 통해 현재 진행 중인 균형발전정책에 따라 행정기관 및 공공기관의 이전이 커다란 문제없이 이루어지고 있으며, 지역의 경쟁력 있는 기업이 시장을 전국으로 확대하는 기회를 가지게 되었다. 사람들은 KTX특송을 통해 자갈치 시장의 신선한 회를 서울에서 소비할 수 있게 되었고, 대전의 '성심당'은 전국적인 명성을 가지게 되었다. 이 밖에도 지방과 수도권의 교류증가는 지역간 경제력의 격차를 줄이는 쪽으로 작용하고 있다. 이는 일부에서 제기하고 있는 수도권이 지방의 경쟁력을 흡수하는 '빨대효과' 또는 '역류효과'가 아닌 수도권의 분산과 지역방문 기회증가를 통해 지역을 발전시키는 "낙수효과' 또는 '샤워효과'가 일어나고 있는 것이다.

부산국제영화제와 광주비엔날레는 매번 전국적 이슈로 부각되고 있는데, 이들 행사의 성공은 KTX와 일정부분 관련이 있다. 짧은 시간에 수많은 사람들이 모이는 행사는 고속이면서도 한 열차에 960명까지를 수송할 수 있는 대량수송수단인 KTX 없이 치러지기 어렵기 때문이다. 2005년 부산 APEC 정상회담, 2011년 대구 세계육상선수권대회, 2012년 여수엑스포, 2013년 순천 세계정원 박람회 등이 KTX와 함께 성공적으로 치러졌으며, 가깝게는 2015년 광주 하계유니버시아드 역시 무리 없이 개최되었다. 이렇듯 KTX는 국가 내 문화교류는 물론 이미 국제적인 행사를 통한 문화소통의 핵심수단이 되어 있다.

KTX에 의해 확대된 지역간 교류의 기회 확대는 지역의 상징마저 바꾸고 있다. 실제로 부산을 상징하는 음식이 '회'가 아닌 '돼지국밥'과 '밀면'이 되었고, '한정식'과 '홍어회'가 아닌, '육전'과 '떡갈비'가 광주의 음식으로 인식되고 있다. 이렇듯 새롭게 지역을 상징하게 된 음식의 특징은 유사한 음식이 전국에 있음에도 불구하고 해당 지역에서 특별히 사랑받고 있는 음식이라는 것이다. 교류의 기회가 증가하면서 사람들은 특별한 음식을 찾는 것이 아니라 방문지 주민이 좋아하는 음식에 관심을 갖는다는 것이다. 즉 '특별한 것'을 찾기 보다는 '일반적인 것'에 관심을 갖는다는 점에서 지역간 교류 증가는 사람들에게 서로를 이해할 수 있는 기회를 준 것으로 보아야 할 것이다.

▌전국 시간지도가 바뀌다

KTX 15년이 흐르면서 우리의 일상과 더불어 국토의 모습이 바뀌고 인구구조가 재편된 것이 가장 큰 변화이다. 자동차로 5시간 넘게 걸리고 고급 기차의 대명사였던 새마을호로도 4시간 10분이 걸리던 서울~부산의 통행 시간은 2시간 20분대로 크게 줄어들었다. 통행 시간이 줄어들면서 장거리 통행에 대한 부담이 줄어들었으며, 전국은 하나의 도시처럼 반나절 생활권이 되었다. 2015년 기준, 총 1009.6km 구간에서 KTX가 운행한다. 설계속도 330km/h의 고속선의 총 연장은 555.6km이며, 기존 선로 개량을 통해 KTX 차량이 직결 운행되는 기존선의 연장은 약 454km이다. 전국에는 41개의 KTX 정차역이 있으며, 경부축 17개, 호남축 10개, 전라선 7개, 경전선 6개, 동해남부선 1개 정차역이 운영 중이다.

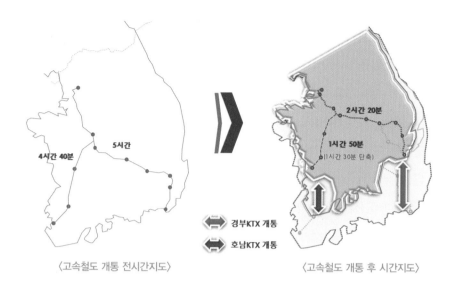

<고속철도 개통 전시간지도>　　　　　　　　　　　　<고속철도 개통 후 시간지도>

10년 동안 KTX 수혜 범위가 확대된 것도 눈에 띄는 변화이다. 개통 초기인 2004년에 60분 이내에 KTX역에 도착해 KTX 서비스를 받을 수 있는 지역은 국토 면적의 39.7%에 불과했다. 그러나 2010년 경전선에 이어 2012년 전라선 직결 운행이 시작되면서 55.5%로 확대되었다. 이를 해당 지역에 거주하는 인구 기준으로 환산하면 전 인구의 90.6%가 60분 이내에 KTX역으로 갈 수 있다. 2017년 고속철도 동계올림픽축이 개통되어 강원권으로의 연결이 완료되면 대부분의 국민이 60분 이내에 KTX역에 도착할 수 있다.

충청권이 수도권으로 편입된 것은 KTX가 있기에 가능했다. 이동 시간이 크게 단축되면서 충청권은 이제 통근/통학이 가능한 제2의 수도권으로 바뀌고 있다. 2010년 이후 수도권 인구는 미세하게 줄어든

반면 대전을 비롯한 충청권의 인구는 조금씩 늘어났다. 이러한 현상
은 수도권과 비수도권, 특히 충청권 간의 지역 격차가 완화됨에 따라
나타난 현상이다.

KTX 이용자수 역시 대폭 증가했다. 일평균 이용자수가 15년 전보
다 2.5배 이상 증가한 15만 9천 명에 달하며, 특히 경부축 이용자는
하루 114,465명으로 전체의 78.4%를 차지한다. 그에 따라 코레일 운
송수익도 크게 증가하였다. 2014년을 기준으로 고속철도 부문 운송수
익은 1일 평균 45.8억원으로 집계되어 흑자를 기록하고 있다.

일평균 KTX 이용자 수

2004	2009	2014	2017
54,471명	102,677명	155,937명	216,783명

출처 : 한국철도공사(http://info.korail.com).

KTX 수입실적 변화(억원/일)

2009	2011	2014	2017
29억 9,000만 원	37억 9,500만 원	45억 8,200만 원	65억 5,000만 원

출처 : 한국철도공사(http://info.korail.com).

KTX는 속도와 합리적 요금을 바탕으로 승용차, 항공, 고속/시외버
스 등 다른 수송수단을 빠르게 대체하였다. 중장거리 지역 간 통행의
핵심 수단으로 자리매김한 것이다. 수도권~대구의 철도분담률은 33%
에서 59%로 급증하였고, 항공수요는 사실상 사라졌다. 수도권~부산
철도분담률은 36%에서 63%로 늘어났으며, 항공분담률은 36%에서
17%로 절반 이상이 감소하였다.

KTX 개통 전후 지역 간 교통이용 변화

수도권-대구

구분	2003년	2013년
승용차	43%	24%
버스	12%	16%
항공	12%	0%
철도	33%	59%

수도권~부산

구분	2003년	2013년
승용차	21%	7%
버스	7%	13%
항공	36%	17%
철도	36%	63%

고속철도 기술을 국산화시킨 것도 눈부신 성과이다. 프랑스 알스톰 사의 차량을 수입해 경부고속철도를 개통한 지 6년만인 2010년 3월, 순수 국내기술로 개발된 KTX 산천山川이 전 구간에 투입되어 운행을 시작하였다. 나아가 고속 2층열차와 최대 시속 430㎞급 차세대 고속 열차 '해무'HEMU: High-speed Electric Multiple Unit를 2015년까지 실용화하여 수송 력을 높이고, 시속 500㎞급 고속열차에 활용할 수 있는 핵심 기술의 개발도 눈앞에 다가왔다.

세계시장으로의 진출 확대도 꾀하고 있다. 한때 하향 산업으로 여겨졌던 세계 철도차량 시장은 개발도상국의 경제성장과 함께 친환경 교통수단으로 주목받으며 연간 200조 원 규모로 확대되었다. 세계

차량시장은 2003년 107조 원에서 2009년 197조 원으로 상승했으며 2020년에는 360조 원에 이를 것으로 전망된다. 한국의 기술을 널리 알림과 동시에 외화를 획득할 수 있는 최적의 시장인 것이다.

우리나라는 세계 35개국에 일반 철도차량을 수출했을 정도로 최고 수준의 고속철도 기술을 지니고 있어 세계시장 진출 전망은 매우 밝다. 따라서 고속철도 차량을 단순 제작하거나 시설을 단순 건설하는 차원을 넘어 건설/운영/기술이전/역세권 개발 등을 패키지화하여 세계시장 우위를 선점하고, 진출 기반을 강화해야 한다.

▌빨대효과는 없었다

사람들은 왜 KTX를 탈까? KTX를 타고 어느 곳으로 가서 무엇을 할까? 10여 년 동안 KTX를 이용한 승객은 대략 486백만 명으로 파악된다. 2015년에 KTX를 이용한 사람들을 대상으로 여행 목적을 조사한 결과, 여러 가지 이동 목적 중에서 업무/출장이 가장 높았으며, 가족/친지/친구 방문이 그 뒤를 이었다. 구체적으로 업무/출장이 46~49%, 가족/친지/친구 방문이 20~26%, 관광/휴가가 11~12%의 순으로 나타났으며, 이들 3가지 목적이 전체 방문 목적의 88.9%를 차지하였다. 반면 쇼핑, 병원진료, 학원수강 및 개인지도 등 KTX로 인한 수도권 쏠림현상이 우려되었던 목적은 매우 낮았다. 이른바 빨대효과는 거의 발생하지 않은 것이다. 더구나 쇼핑과 병원진료, 학원수강 등

KTX 이용자의 여행 주목적

목적	비율
업무/출장	46~49%
가족/친지/친구 방문	20~26%
관광/휴가	11~12%
통근	5~7%
통학	3%
병원진료	3~4%
학원수강 및 개인지도	0.5~1.4%
문화시설 이용	1%
쇼핑	1%

자료 : 2017 KTX 이용특성 조사

의 목적들은 KTX가 개통된 후 새로 생겨난 것이 아니라 버스나 자동차, 비행기 등 다른 교통수단을 이용하던 사람들이 KTX를 이용하면서 생긴 것이다.

KTX를 이용해 통행이 빈번해진 곳은 수도권이 아닌 전국의 주요 광역시였다. KTX 이용자들을 대상으로 "KTX 개통 이후 통행이 빈번해진 지역은 어디인가?"를 묻는 질문에 55.9%가 '전국의 주요 광역시'라고 응답했다. 그에 비해 '수도권'이라고 응답한 비율은 30.1%였으며, '전국의 중소도시'라는 응답은 14.1%를 차지했다. 이는 KTX로 인해 수도권으로의 통행이 급증하고, 편중현상이 심화될 것이라는 우려와 달리 지역 간 이동과 교류가 증가하고 있음을 보여준다.

KTX를 기반으로 한 新경제활동도 등장했다. 지방에서의 MICE와

3차산업이 활성화된 것이다. MICE는 회의Meeting, 포상관광Incentives, 컨벤션Convention, 전시회Exhibition의 머리글자를 딴 단어로 전시·박람회, 국제회의 산업을 말한다. KTX가 개통한 이후 서울과 대전에서의 국제회의 개최 횟수는 증가했지만 비율은 줄어들었다. 2003년 국제회의의 80%가 서울에서 열렸으나 2011년에는 47%로 줄어들고, 부산의 비율은 10%에서 35%로 상승했다. 대전은 7%로 변함이 없었으나 대구는 3%에서 11%로 늘어났다. 특히 부산은 국제회의의 메카로 떠올랐다. 벡스코와 센텀시티 등 세계적 수준의 시설을 갖추어 다양한 국제회의를 통해 선진 도시의 이미지를 전 세계에 알리고 있으며, 더불어 상권 활성화 등 지역경제에도 큰 역할을 하고 있다.

부산, 세계적 국제도시의 명성을 갖게 되다

'아시아 4위, 세계 17위' 부산이 세계적인 국제회의도시 반열에 우뚝 섰다. 부산을 앞서가던 베이징, 방콕, 뉴델리, 요코하마 등의 도시를 지난 1년 사이 모두 따돌렸다. 이들 도시보다 훨씬 더 많은 국제회의를 유치하고 성공적으로 개최해 국제협회연합UIA으로부터 '세계적 국제회의도시'라는 타이틀을 공식 인정받았다. ── UIA는 세계에서 지난 10년간 가장 급성장한 국제회의 도시는 '부산'이라는 평가를 내렸다. 부산이 치러낸 국제회의 건수는 2009년 41건에서 2010년 93건으로 227%의 가파른 성장세를 보이고 있다. 특히 2010 ITS 세계대회 같은 1천명 이상이 참가한 대규모 국제행사는 서울보다 부산이 더 많이 개최한 것으로 나타났다. ── 국제회의 참가를 위해 부산을 찾은 국내외 인사는 4만7830명. 이중 1만 860명이 외국인이다. 이를 통한 경제적 파급효과는 1천482억 원에 달한다.

– 〈부비뉴스〉 2011년 6월 22일

도시별 국제회의 개최

구 분	2003년		2011년	
서울	158	80%	453	47%
부산	19	10%	333	35%
대전	14	7%	64	7%
대구	6	3%	102	11%

출처 : 한국관광공사(2012), 2011 MICE 산업통계 조사·연구.
　　　한국관광공사(2006), 2005 국제회의 개최현황.

대구와 부산에서의 국제회의 개최가 증가한 것이 KTX 효과로 인한 것임은 두말할 나위가 없다. KTX는 열차가 정차하는 도시의 산업구조를 고도화시키는 데도 적지 않은 몫을 했다. KTX 역세권을 중심으로 사업시설관리 및 사업지원 서비스업, 교육 서비스업, 보건업 및 사회복지 서비스업, 금융/보험업 등 3차산업의 고용증대 효과도 뚜렷이 나타났다. KTX가 정차 도시의 경제발전에 일정 부분 기여한 것이다.

▌KTX 효과는 더욱 커질 수 있다

KTX는 분명 출발 시의 일부 우려와 달리 긍정적이고 미래지향적인 효과를 가져오고 있다. 교통수단의 차원을 뛰어넘어 사회, 문화,

기술, 경제를 변혁시켜 대한민국을 선진국으로 이끄는 견인차 역할을 한다. 그러나 그 역할은 저절로 주어지지 않는다. KTX가 주는 다양한 파급효과를 최대화하기 위해서는 풀어야 할 과제가 있다.

가장 먼저, KTX 이용이 쉬워야 한다. 이를 위해 대중교통 중심의 교통체계 확보와 복합환승센터 구축이 필요하다. 서울역은 수도권 어느 곳에서든, 누구든 매우 쉽게 접근할 수 있다. 70여 개의 버스노선, 1/4호선 지하철, 공항철도, 경의선 등 다양한 노선이 연계되어 있기 때문이다. 실제 전체 이용자의 약 60%가 대중교통(지하철/전철 71.7%, 시내/마을버스 28.6%)을 이용해 서울역에 도착한다. 그러나 도시 외곽에 신설된 경북의 울산역은 그렇지 못하다. 버스 등의 노선이 불충분하기 때문에 전체 이용자의 약 70%(택시 15.4%, 승용차 57.7%)가 개인 교통수단을 이용하는 실정이다.

아무리 KTX가 뛰어난 교통수단이라 해도 그곳까지 가는 방법이 불편해서는 안 된다. KTX 이용을 높이고 경제 파급효과를 최대화하기 위해서는 복합환승센터를 구축해 환승편의를 높여야 한다. 그래야

KTX역 접근 교통수단

구 분	서울역	울산역
지하철/전철	71.7%	–
승용차	10.1%	57.7%
택시	17.8%	15.4%
마을/시내버스	28.6%	15.4%
광역/시외버스	3.7%	–
도보/기타	1.4%	15.4%

자료 : 2017 KTX 이용특성 조사(중복응답)

만 KTX역이 경제와 삶의 주요 터전으로 자리 잡을 수 있다.

공공기관 지방이전과 연계한 KTX 역세권 추진도 중요 사안이다. 기존 역은 도시재생 관점에서 역세권을 개발해야 한다. 서울, 대전, 부산 등 기존 역사를 활용하는 KTX 역세권은, 철도역에 대한 부정적 이미지를 개선하는 것이 급선무다. KTX역을 대중화함으로써 인기 있는 장소로 만들어야 지역 성장의 거점으로 다시 태어날 수 있다. 또한 낙후된 주변 지역을 활성화하는 한편, KTX 역세권과 도시개발을 동시에 고려하는 종합적 관점이 필요하다.

신설역의 주요 요건은 이전하는 공공기관 및 혁신/기업도시와의 효율적 연계이다. 오송, 김천(구미), 울산역 배후 지역에는 혁신도시와 기업도시가 순차적으로 입주한다. 이에 따라 각 역세권 별로 지역의 잠재력을 반영한 서비스산업과 기능을 유치하여 경쟁력을 갖추어야 한다. 또한 혁신/기업도시와의 효율적 연결을 위한 교통체계를 마련해야 하며, 이를 통해 KTX 역세권을 지역 발전의 거점으로 육성하는 것이 가능하다.

KTX는 앞으로도 계속 확장될 것이다. 그렇기에 무엇보다도 노선 확대에 맞는 지역 간 통합 교통체계가 절실하다. 구체적으로, 전국 주요 도시를 90분 이내로 연결하는 Hub-Spoke형 교통체계를 마련해야 한다. 현재 1,009.6km인 KTX 네트워크는 2020년에는 2,362.4km로 늘어난다. 2020년에는 전국의 주요 도시를 90분 이내에 연결하고, 전국 어디서든 30분 이내에 KTX역 접근이 가능하도록 하겠다는 것이 구체적 목표이다. 이에 대응하여 KTX역을 허브Hub로 하고, 버스 및 도시철도망을 스포크Spoke 형태로 하는 통합 교통체계가 세워져야 한다. 주요 대도시간 직접 연결을 위해 중복노선이 많은 고속버스 노선은 과감히 정리하고, 연계성과 효율성이 현저히 떨어지는 중소규모 도시 간의 대중 교통체계는 KTX와 버스 간 연계/환승 체계를 구축하여 경쟁력을 높여야 한다. 이용자 중심의, 이용자가 편리한 통합 교통체계를 만들어야 승용차에서 대중교통으로의 전환을 유도할 수 있으며, 대중교통의 효율을 극대화할 수 있다.

또 하나 관심을 기울여야 할 것은 KTX 이용의 소외계층을 배려하는 다양한 정책이 필요하다는 점이다. KTX 개통 이후 저소득층의 교통수단 선택권이 줄어드는 문제가 발생했다는 사실을 잊어서는 안 된다. 요금이 비싼 KTX의 운행편수가 늘어난 반면 일반열차 운행횟수는 경부선 약 40%(71편/일), 호남선 약 39%(24편/일)가 줄어들었다. 이로 인해 저소득층의 교통수단 선택이 줄어들었으며, 지역 간 이동에 소요되는 비용이 올라가는 부작용도 생겼다.

전 국민의 세금으로 건설된 KTX가 특정 계층의 편리함을 높이는 수단이 되어서는 안 된다. 따라서 가장 먼저 KTX 미정차 지역에 대한 연계 교통체계를 넓혀 KTX 서비스 지역을 최대한 확대해야 한다. 또한 저소득층의 이동권 확보를 위해 KTX 이용바우처를 지급하고, 철도요금을 다양화하는 한편, 일반열차 운행 횟수를 늘리는 방안도 필요하다.

▌철도중심 교통을 꿈꾸다

고속철도는 그 목적이 '대량의 빠른 교통수단'이지만 오로지 그 목적만을 위해 만들어진 것은 결코 아니다. 활용하기에 따라서는 학교가 될 수 있고, 비즈니스 현장이 될 수 있으며, 예술무대가 될 수 있다. 아직 그 단계까지는 도달하지 못했으나 우리의 KTX가 다양한 현상을 창출하는 고효율적이고 고품격적인 다목적 공간이 될 것이다. 그렇다면 KTX는 지금 어떤 역할을 하고 있을까?

KTX는 우리나라 전체를 종횡으로 연결하는 대동맥이 될 것이다. 우리는 도로 중심의 교통·물류체계를 철도 중심으로 전환하여 저탄소 녹색성장의 기반을 마련하고자 다양한 정책을 추진하고 있다. 2010년 9월 〈미래 녹색국토 구현을 위한 KTX 고속철도망 구축전략〉을 발표하고, 2020년까지 전국의 주요 거점 도시를 고속철도망으로 연결하여 전 국토를 90분대의 생활권으로 통합시키는 계획을 수립했다.

전국의 어느 도시에서 출발하든 목적지에 90분 내외에 도착할 수 있는 것이 가능할까? 서울에서 부산까지의 최장거리는 140분 내외가 되겠지만 여타의 거점 도시는 90분대에 충분히 주파가 가능하다. 이를 실현케 해주는 것이 바로 KTX다. 고속철도망 구축이 완료되면 전 국민의 84%가 KTX의 수혜를 받고, 국토의 82%가 KTX 영향권에 든다. 2020년이면 명실상부한 국가의 대동맥이 완성되는 것이다. 대한민국 전체를 하나의 경제권으로 통합함으로써 세계의 거대 지역 간

경쟁에서 우위를 선점할 수 있다.

이미 일본, 미국, 유럽, 중국은 거대지역권 내에서 산업 간의 연결과 시너지 효과 창출을 위해 고속교통망 연결에 힘을 쏟고 있다. 일본은 500㎞/h 자기부상열차MAGLEV를 투입하여 도쿄-오사카 거대경제권의 통합을 추진하고 있다. 2025년 자기부상열차가 건설되면 도쿄-오사카 통행시간이 현재의 135분에서 60분으로 단축되고, 이에 따라 도쿄-나고야-오사카는 하나의 통근권이 된다. 중국은 베이징-상하이 고속철도 건설을 통해 창장長江 삼각주 경제권과 환보하이環渤海 경제권을 1일생활권으로 통합하는 계획이 진행 중이며, 향후 3년간 고속철도망 건설에 360조 원을 투자할 예정이다. 일본, 중국에 비해 국토 면적이 좁은 우리나라는 고속철도망을 활용하여 '전국을 하나의 도시'로 만드는 일이 훨씬 더 쉽다.

이처럼 KTX 네트워크에 의해 대한민국은 점점 더 하나의 생활권으로 변모해가고 있다. 1970년대 '산업 대동맥' 경부고속도로가 전국을 한나절 생활권으로 이어줬다면 2004년 KTX는 전국을 반나절 생활권으로 연결했다. KTX 네트워크가 확장되는 2015년 이후에는 전국이 하나의 통근권이 된다. KTX에 의한 속도혁명은 우리의 삶과 경제생활에 커다란 변화를 가져올 것이다.

▌통행 패턴을 근본적으로 바꾸다

2004년 이후 우리나라 지역 간 통행 패턴은 KTX를 중심으로 급격하게 재편되어 왔다. 특히 서울–대구, 서울–부산 등 300㎞ 이상 장거리 통행은 승용차와 고속버스 수송 분담률이 크게 줄었고, KTX의 수송 분담률이 50% 이상으로 높아졌다. 기존의 고속도로 중심 패턴이 KTX 중심으로 완전히 바뀐 것이다. 2015년 현재 서울, 광명, 천안·아산, 대전, 동대구, 부산 등 6개 KTX역 승하차 인원은 주중 하루 13만 2천여 명, 주말 하루 18만 3천여 명으로 개통 첫 해인 2004년에 비해 평균 2배 가까이 늘어났다.

반면 경부축 승용차(고속도로) 수송실적과 항공실적은 급격하게 줄었다. 승용차의 경우 서울–천안 구간은 6.1% 감소, 서울–대전 구간, 서울–대구 구간은 각각 30.9%, 51.6% 감소하였으며, 서울–부산 구간은 무려 68.9%가 줄었다. 항공수요는 더욱 극단적으로 감소하였다. 2008년 김포–대구는 2003년 대비 99.9% 줄어들어 항공서비스가 아예 사라졌으며, 김포–김해는 KTX 개통 이전에 비해 약 54%까지 감소하다가 최근 저가항공사의 공격적 경영으로 일부 회복 중에 있다.

고속철도 개통 후 나타난 통행 패턴 변화 가운데 주목할 것은 교통 거점화이다. 경부고속철 개통 이후 KTX역은 지역의 관문이 되면서 교통거점으로 부상하였는데, 특히 동대구역의 교통거점화는 가장 두드러진 사례이다. 서울–대구 통행량은 2003년 766만에서 2014년 1,190만으로 급증했는데, 이는 서울–울산, 서울–포항, 서울–경주 등

대구 주변 도시의 통행량의 상당 부분이 동대구역을 경유하면서 발생한 현상이다. 동대구–울산 승차인원 또한 2003년 3만 명에서 2014년 10만 명으로 3배 가까이 늘어났고, 지속적으로 줄어들던 대구–울산, 대구–경주 버스 통행량이 2004년 KTX 개통 이후에는 증가로 돌아선 것도 같은 맥락이다. 타 도시를 경유하더라도 KTX를 이용하려는 사람들이 그만큼 늘었다는 뜻이다.

KTX역의 활성화는 KTX를 이용하는 사람들의 최초 출발지 분포로 알 수 있다. 대전역에서 출발하는 KTX 승객의 15.9%는 최초 출발지점이 대전 외의 지역이며, 오송역의 경우 역이 입지하고 있는 청주시가 최초 출발지인 비율이 56.2%였으며, 세종시 24.9%, 기타 지역이 18.9%로 나타났다. 이는 KTX 대전역과 오송역 거주자뿐만 아니라 주변 지역에서도 광범위하게 이용되고 있음을 보여준다.

▌새로운 성장의 상징이 되다

세계는 지금 전 지구적 기후변화를 방지하기 위해 고심하고 있다. 우리나라 역시 2020년까지 기후변화의 주요 원인으로 지목받고 있는 온실가스 배출량을 줄여나가기 위한 부문별, 업종별, 연도별 국가 감축목표를 정했다. 2020년 국내 CO_2 배출량을 8억 1,300만 톤으로 전망하고, 이 가운데 30%인 2억 4,400만 톤을 감축하기로 했다. 교통 부문에서도 대기오염 물질을 줄여야 하는 것은 시급한 과제지만 이에 대한 해결책은 그리 녹록치 않다. 우리나라 온실가스 배출량의 약 15~20%는 교통부문에서 나오기 때문이다.

가장 좋은 방법은 철도가 녹색교통의 리더 역할을 하는 것이다. 교통부문의 연간 에너지 총소비(3,540만 TOE)를 보면 도로, 즉 자동차가 79%(2,800백 만 TOE)를 소비하는 반면, 철도가 소비하는 에너지는 50만 TOE로 1.4%에 불과하다. 특히 고속철도는 승용차에 비해 속도는 3.5배 빠른 반면 이산화탄소 배출량은 매우 낮다. 그러기에 일찌감치 저탄소 녹색성장을 상징하는 교통수단으로 주목받아온 것이다. 실제로 고속철도 개통 이후 KTX 이용객이 늘어남에 따라 연간 약 130만 톤의 온실가스가 줄어들 것으로 보인다.

고속철도 네트워크가 완성되면 2025년 철도의 여객분담률은 46.8%, 화물분담률은 25%가 되어 사회적 편익이 연간 7.5조 원 발생하고, 온실가스 배출은 매년 1,164만 톤씩 감축된다. 또한 고속철도가 철도산업의 성장을 이끌어 건설, 운영, 차량·부품 부문에서 230만 개의 일자리를 창출한다. 온실가스 감축과 동시에 일자리를 창출하는 전형적인 '녹색성장의 모델케이스'가 되는 것이다. 실제 유럽에서도 철도사업은 환경을 보전하면서 일자리를 살리는 '청정 일자리 만들기 프로젝트'의 대표적 사례로 손꼽고 있다.

▌이제는 실핏줄을 구축해야 할 때

국토가 협소하고 인구밀도가 높은 우리나라는 고속철도 네트워크를 이용하여 전국을 하나의 도시처럼 발전시킬 수 있다. 하나의 도시에서는 수도권과 비수도권의 갈등 등 지역 불균형 문제가 일어나지 않는다. 또한 상생 발전을 이끌어 국가발전의 새로운 모멘텀으로 삼을 수 있다. KTX 네트워크로 인해 전국 주요 도시(서울, 대전, 대구, 부산, 광주 등)가 하나의 통근권이 되면, 이는 서울의 신촌, 종로, 영등포, 잠실, 강남이 연계되어 대도시 서울을 만든 것과 같이 전국을 단일 도시로 만들 수 있다. 나아가 주요 대도시들을 하나의 도시처럼 연결시키면 지금까지와는 다른 새로운 형태의 경제 활동도 가능하다. 이른바 '저탄소 하이스피드 KTX 경제'가 되는 것이다.

고속철도의 근본 목적은 빠르게 이동하는 것이다. 하지만 여기에서 그친다면 20조 원이 넘는 돈을 투자한 것에 비해 성과가 초라하다 할 수 있다. 프랑스, 일본, 독일 역시 빠름 이상의 목적을 위해 고속철도를 놓았다. KTX는 열차라는 개념을 뛰어넘어 우리에게 새로운 의미를 부여하는 삶의 동반자가 될 것이다. 국토를 연결하는 대동맥, 일상의 이동 패턴을 바꾸어주는 실핏줄, 녹색성장의 견인차, 일자리 창출, 기술발전, 경제개혁의 선두주자가 되는 것이다. 휴식과 여행, 사랑과 낭만, 추억의 터전이 되는 것은 두말할 나위가 없다. 나아가 비즈니스 현장이 될 것이며, 아름다움을 창출하는 예술 공간이 될 것이다.

The HSR
Economic
Revolution

제2부

최초 철도에서
KTX까지의 여정

02

철도의
등장과 진화

100년 만에 10배의 속도로 빨라지다

—

우리나라에서 처음으로 기차가 달린 날은 1899년 9월 18일이다. 아침 9시 영등포(노량진)를 출발한 모갈Mogul 1호는 기관차와 객차 3량이 있는데 객차는 나무로 만든 것이었다. 모갈 1호는 시속 20km로 달려 약 32km 떨어진 인천에 1시간 40분 후 도착했다. 이 놀랍고 신기한 광경은 다음날 〈독립신문〉에 대서특필되었다.

경인철도회사에서는 9월 18일 내외 하객을 불러모아 개업예식을 거행했다. 오전 9시 영등포를 떠나 인천으로 출발한 화륜거(기차)는 우뢰와 같은 소리는 천지를 진동하고 기관차의 굴뚝 연기가 하늘로 솟아올랐다. 기차는 각기

경인선 기공식, 고정34년(1897) 3월 22일 인천 우각현(지금의 노원역 부근)에서 1차 기공식 거행

모걸 탱크형 기관차 / 우리 나라 최초의 기관차는 경인철도에서 운행된 모걸탱크형 기관차였다. 이 기관차는 미국 브룩스 공장제로 1899년 7월 인천공장에서 조립되었다. 기관차의 차량배열은 2-6-0 형, 중량이 36톤으로 석탄과 물을 기관차에 적재한 기관차이다. 이 기관차는 첫 운행이후 수십년에 걸쳐 사용되었다.

방 한 칸씩을 만들어 연결했으며 상중하 3등으로 나누었다. 열차에 앉아 창 밖을 내다보니 산천초목이 모두 활동하여 닫는 것 같고 나는 새도 미처 따르지 못했다. 80리의 인천에 순식간에 도착했으며…….

들도 보도 못한 화륜거火輪車라는 것이 굉음을 내며 달리는 일도 신기한데 그 속도가 얼마나 빨랐으면 "하늘을 나는 새조차 미처 따르지 못한다"고 했을까? 그때 속도는 시속 20km였다. 현재 마라톤 세계 최고기록은 케냐의 데니스 키메토Dennis Kimett가 2014년 9월 베를린 마라톤대회에서 세운 2시간 2분 57초이다. 42.195km를 2시간에 주파했으니 평균시속 21km로 달린 것이다. 즉 모갈 1호는 인간 키메토보다 더 느렸던 셈이다.

그러나 모갈 1호는 우리나라 첫 번째 열차라는 중요한 의미가 있으며 이후 탄생한 수많은 기차들의 아버지 격이 되었다. 1905년 경부선(서대문~초량)이 개통되어 서울을 출발해 부산까지 가는데 '겨우 17시간' 밖에 걸리지 않는 놀라운 역사가 시작되었다. 1894년 우리나라를 방문한 영국의 지리학자 이사벨라 버드 비숍Isabella Bird Bishop은《조선과 그 이웃나라들》이라는 견문기를 남겼는데 "걷거나 말을 타고 간다 해도 1시간에 4.5km 이상은 갈 수 없다"고 썼다. 따라서 서울-부산은 보통 14일이 걸리는 노정이었다. 최소한 336시간이 걸리는 거리를 17시간 만에 주파했으니 경천동지할 일이 아닐 수 없었다.

오늘날 여객열차의 종류는 KTX, 새마을, 무궁화 정도이지만 1899년 이후 한반도를 누빈 열차의 종류는 30가지 가까이 된다. 일제 강점기에 히까리(빛), 노조미(소망), 아까스키(여명) 같은 가슴 아픈 이름도 있었으나 8.15 이후 우리 이름으로 명명된 열차들이 전국을 달리기 시작했다. 해방의 기쁨을 만끽하기 위해 1946년 편성된 광복기념 특급 열차 '조선해방자호'는 서울에서 부산까지 9시간이 걸렸다. 지금에 비하면 거북이 열차라 할 수 있지만 당시에는 엄청나게 빠른 속도였다. 9년 후인 1955년에는 통일의 염원을 담은 특급 '통일호'가 달리기 시작했는데 처음에는 9시간이 소요되었으나 2년 후 7시간으로 단축되었다. 전쟁의 상처와 폐허 속에서도 속도를 높여 시간을 줄이기 위한 노

한국 철도의 속도 변화 (경부선 기준)

연대 및 열차명	속도(km/h)		비 고
	평균	최고	
1899년 9월	20~22	60	노량진~인천
1905년 첫 경부선	26.5		서대문~초량, 17시간
1906년 4월 융희호	40		서대문~초량, 11시간
1936 아카사키(특급)	67	90	6:45분
1946 해방자호	50	70	9시간
1952년	40.5	70	11시간
1955 통일호	63	80	서울~부산, 9:30분
1960 무궁화호	67	95	서울~부산, 6:40분
1969 관광호	92	110	서울~부산, 4:50분
1974 새마을호	92	110	서울~부산, 4:50분
1985 새마을호	107	140	서울~부산, 4:10분
2004 KTX	159	300	서울~부산, 2:34분
2015 KTX			서울~부산, 2:29분

출처 : 철도청(1999), 한국철도 100년사.

력이 이미 그때부터 시작된 것이다. 즉 고속철도에 대한 단초는 50년 전에 놓인 것이나 마찬가지다.

재미있는 사실은 일제강점기인 1905년 서대문에서 부산 초량까지 통상 17시간이 걸렸는데 1930년대 후반 특급열차를 편성해 6시간 45분 만에 주파하도록 했다는 점이다. 아까스키(여명)호는 서울을 출발해 대전과 대구에서만 정차하고 종착역인 부산에 도착했는데 일반 열차보다 평균 6시간 정도 단축되었다. 일본이 1964년 세계 최초로 고속열차 신칸센을 만든 것도 놀라운 일이 아니다. 그들은 이미 30년 전부터 고속열차의 필요성을 인지하고 있었던 셈이다.

한국의 열차 종류

NO	열차 이름	연 대	구 간	소요시간	비　　　고
1	모갈 1호	1899	노량진-제물포	1:40	최초의 열차
2		1905.1	서대문-초량	17:4	
3		1905.1	서대문-초량	13:45	
4	융희	1908	서대문-초량	11:00	우리나라 연호에서 차용. 상행: 융호, 하행:희호
5	히까리(빛)	1935	서울-부산	7:45	급행
6	노조미(소망)	1935	서울-부산	7:50	급행
7	아까스키(여명)	1936	서울-부산	6:45	특급(대전, 대구 정차)
8	흥아	1944	서울-부산	11:20	북경행 야간급행
9	히까리	1944	서울-부산	9:45	야간급행
10	해방자	1946	서울-부산	9:00	광복기념 특별급행(조선해방자호)
11	통일	1955	서울-부산	9:00	특급
12	통일	1957	서울-부산	7:00	운행시간 단축
13	상무	1955	용산-목포		군용열차

14	무궁화	1960	서울–부산	6:40	
15	재건	1962	서울–부산	6:10	재건운동
16	태극	1962	서울–목포	8:10	
17	맹호	1966	서울–부산	5:45	월남파병
18	건설	1966	중앙선		화물열차
19	증산	1966	호남선		화물열차
20	백마	1966	서울–광주	6:10	
21	청룡	1966	서울–대전	2:20	
22	갈매기	1967	서울–부산		피서열차
23	대천	1967	장항선		준급행
24	비둘기	1967	서울–부산		특급
25	동해	?	서울–강릉		특급. 1968년에 십자성호로 변경
26	관광	1969	서울–부산	4:45	후에 새마을호로 변경
27	신라	1971	대구–울산		
28	계룡	1971	서울–대전		
29	충무	1971	서울–진주		
30	새마을	1974	서울–부산	4:50	
31	새마을	1983	서울–부산	4:40	
32	새마을	1985	서울–부산	4:10	
33	통일	1974	서울–부산		특급열차
34	풍년	1974	호남선		태극/백마호를 풍년호로 변경
35	증산	1974	전라선		풍년호를 증산호로 변경
36	약진	1974	중앙선		십자성호를 약진호로 변경
37	부흥	1974	장항선		
38	무궁화	1984	우등열차		
39	통일	1984	특급열차		
40	비둘기	1984	보통열차		
41	KTX	2004	고속열차	3:00	KTX 시속 300km
42	ITX 청춘	2012	용산–춘천	1:10	도시 간 급행열차

출처 : 한국철도공사(http://info.korail.com)

▌ 왜 하필 고속철도가 필요했을까

"모든 길은 로마로 통한다"All roads lead to Rome, Omnes viae Romam ducunt라는 속담은 2800년 전 로마제국 시대에 나타난 속담이라는 설도 있고, 영국의 시인 제프리 초서(1343~1400)가 한 말이라는 주장도 있다. 근원이 어디이든 이 속담에서 중요한 것은 '로마'라는 지역과 '길'이라는 방법이다. 로마는 실제 지명을 떠나 중요한 곳이라는 의미가 있고, 길은 그곳에 이르는 방법을 뜻한다. 즉 인류는 중요한 곳으로 가기 위한 방법을 끊임없이 고찰하고 실천해 왔으며 그 과정에서 여러 도구(탈 것)들을 만들어냈다. 인류의 역사는 어쩌면 더 빨리, 더 대량으로, 더 안전하게 가기 위한 길의 역사인지도 모른다.

우리나라 역시 길을 만들고 넓히기 위해 쉬지 않고 노력해왔다. 특히 본격적인 경제개발에 들어선 1960년대 말부터 도로, 철도의 건설과 확장은 대한민국 경제성장의 밑거름이 되었으며 지금까지도 단 하루도 쉬지 않고 이어져왔다. 서울을 중심으로 동쪽인 대구와 부산에 이르는 길, 서쪽인 광주와 목포에 이르는 길이 양대 이동 축이었으며, 강원권과 서울을 잇는 길, 남쪽 해안을 따라 동쪽과 서쪽을 잇는 길도 중요한 이동로였다.

이 많은 길들 중에서 서울과 부산을 잇는 도로와 철도는 우리나라 경제와 산업, 문화, 사회의 핵심 노선이었다. 1970년 경부고속도로가 완공되어 이동이 신속화·대량화 되고 전국 1일생활권의 시대에 접어들었으나 고속도로의 건설과 국도의 확장만으로는 늘어나는 이동 수요를 감당할 수 없었다. 특히 경부축은 우리나라 인구와 생산의 70% 이상이 집중된 사회·경제의 중심축이지만 고속도로와 철도가 포화상태가 되어 심각한 교통·물류난을 겪고 있었다. 우리나라 물류비용은 2001년 기준으로 국내총생산(GDP) 대비 12.4%에 해당하는 67.5조 원이었다. 이는 미국·일본 등 선진국의 약 1.3배에 달하며 각종 도로상태가 지금보다 훨씬 열악했던 2000년대 이전에는 물류비용이 최소 20%를 넘었을 것이다. 따라서 이를 개선하지 않고는 경제의 효율화를 꾀할 수 없었다.

또한 매년 여객과 화물 교통량이 크게 늘어나 2011년에는 1995년에 비해 여객 1.7배, 컨테이너화물 3.8배, 차량 대수는 2배로 증가하여 나날이 정체시간이 늘어나고 있었다. 경부축에 새로운 교통시설을 마련하지 않고는 경제개혁을 이룰 수 없었고, 선진사회를 만드는 것도 한참 뒤로 미뤄질 수밖에 없었다. 이는 경제 비율이 경부축보다 적은 호남축도 마찬가지였다. 이 난관을 타개하기 위해 등장한 것이 고속철도였다.

● 최적의 교통대안인 고속철도

고속철도는 4차선 고속도로나 재래식 복선철도보다 장거리·대량·고속 수송이 가능한 최적의 교통대안으로 운행시간, 건설비, 수송능력을 종합한 수송효율 면에서 고속도로보다 약 3배, 복선전철보다약 2배가 뛰어난 교통수단이다. 따라서 고속철도는 타 교통수단보다에너지 절감효과가 크고, 안전성·정시성이 뛰어나 종합적 측면에서 최적의 교통수단이다.

● 수송 능력의 획기적 향상

고속철도는 수송능력을 대폭 높여 여객수송 능력은 1일 20만 명에서 최대 52만 명으로 2.6배 늘어나고, 경부선 화물수송 능력도 컨테이너 기준으로 연 35만 개에서 300만 개로 8.6배 증가한다. 또한 철도이용객의 증가로 고속도로 혼잡이 완화되는 등 물류비용 절감효과는 연간 1조8천억 원에 이르러 경제적 파급효과가 매우 크다.

● 첨단기술 이전을 통한 산업경쟁력 강화

고속철도는 토목·건축·기계·전자·통신 분야 등이 통합된 첨단기술의 집합체로서 기술개발 및 기존 기술의 첨단화 등 우리나라 기술·산업 전반에 큰 영향을 미친다. 고속철도 건설·운영에 대한 첨단기술은 일반철도, 경전철, 지하철 등의 종합 설계능력을 향상시키고, 고속주행 시스템은 항공기, 자동차 등에도 활용될 수 있다. 나아가 고속철도 제어시스템 기술, 대용량 전력변환 기술, 경량화 소재 기술 등은 우리나라 산업 발전 전반에 미치는 영향이 매우 크다.

● 에너지 절감 및 환경보존

고속철도는 자동차나 항공기에 비해 안전성이 뛰어나고 에너지 효율이 2.5~4.2배나 좋은 첨단교통수단이며, 대기오염 배출을 크게 줄여 환경보호에 기여한다.

● 사회·문화적 효과 및 균형 있는 지역발전 촉진

고속철도의 건설은 인구의 지방분산 및 기업의 지방 이전을 촉진시키고 지방경제 활성화에 기여한다. 전국이 반나절 생활권으로 변모되어 지역 간 정보 격차가 해소되는 등 사회·문화적 활성화를 비롯해 국토의 균형발전이 빠르게 이루어질 수 있다. 또한 고속철도가 통과하는 관광지의 관광객이 늘어나 지방 관광산업이 탄력을 받는다. 그 결과 지역 대통합을 가져와 국가화합에 이바지하고 문화수준 향상에도 기여한다.

1일 수송능력

고속철도	고속도로	복선전철
52만명	20만명	27.5만명

운행시간(서울-부산)

고속철도	고속도로	복선전철
2:10	5:20	3:50

거리별 최적 교통수단

200km 이하	200~600km	600km 이상
도로	고속철도	비행기

고난과 의지의 고속철 건설 50년 역사

우리나라의 고속철도 역사는 상당히 오래전에 시작되었다. 찬반양

론이 비등했던 1989년부터 시작된 것이 아니라 1963년에 이미 전문가들은 고속철도에 관심을 갖고 있었다. 1964년 일본에서 도쿄올림픽이 개최되었을 때 세계 최초로 선을 보인 신칸센(도쿄~신오사카 552.6km)의 개통 직전인 1963년에 한국의 철도기술자들이 시속 240km의 시험열차에 동승했다. 기술자들은 귀국 후 고속철도의 장점과 필요성을 담은 보고서를 정부에 제출했다. 그러나 당시 정부는 경인/경부고속도로 등 고속도로 중심의 교통정책을 펴고 있었기에 고속철도는 크게 관심을 갖지 않았다. 설사 관심을 가졌다 해도 고속철을 건설할 만한 기술, 인력이 부족했고, 비용을 감당할 수도 없었다.

이처럼 1963년부터 고속철도 논의가 태동했으니 2015년 기준으로 52년의 역사를 갖고 있는 셈이다. 그러나 본격 논의는 1973년에 시작되었다. 그해 우리나라는 철도차관을 도입하려 했는데 세계은행IBRD의 의뢰로 프랑스 국철조사단과 일본 해외철도기술협력회 조사단이 방한하여 교통 현황을 살펴본 뒤 장기 대책으로 새로운 철도건설을 건의했다. 희미하게나마 고속철의 시대가 막을 올린 것이다.

고속철도의 효과는 크게 '건설단계에서의 효과'와 '운영단계에서의 효과' 2가지로 나눌 수 있다.

건설단계에서의 효과

건설/토목/기계/통신/전기 및 전자 관련 산업	생산고용 소득증대
	기술이전 기술개발, 기존 기술의 고도화
건설기술의 향상	사업관리기법의 본격 도입/적용
	구조물 설계능력 향상

교통	고속철도 이용자 및 교통체계	시간 단축, 정시성 향상
		수송체계의 변화
		교통혼잡 완화
		교통사고 감소
		대기오염 감소
		에너지 절감
지역경제	지역/업체	생산(매출) 증가
		지가 상승
		세수 증대
지역개발	인구	지방의 인구정착 촉진
	공간구조	도시 내 공간구조 변화
		지역 간 공간구조 변화
	도시개발	역세권 개발
		도시시설 정비 촉진
사회/문화 효과	관광/오락	관광산업의 발전
	시민생활 문화	생활권의 확대
		학술문화 교류 증대

이후 시작된 고속철도 건설의 역사는 한민족의 우수성과 강인한 의지를 전 세계에 보여준 자랑스러운 성과다. 1978년부터 연구에 들어가 1981년 완성된 〈대량 화물수송체제 개선 및 교통투자 최적화 방안 연구〉에 따라 경부축에 새로운 철도건설을 정식으로 제의했으며, 제5차 경제사회발전 5개년 계획(82~86)에 서울-대전 고속전철 계획이 반

영되었다.

　1983~84년에는 미국 루이스버져Louis Berger, 덴마크 캠프삭스Campsax, 국토개발연구원, 현대엔지니어링이 공동 참여하여 서울~부산의 장기 교통투자 및 고속철도 건설의 타당성 조사를 실시했다. 경부축의 철도 및 고속도로가 1990년 초까지 한계용량에 도달하여 새로운 교통시설 확충이 절대적으로 필요하며, 장기적으로 철도가 경제성이 높고 타 교통수단보다 고속철도가 유리하다는 결론이 도출되었다.

　그리하여 1989년 5월 8일 제6공화국 들어 경부고속철 건설이 결정되었다. 그해 7월부터 1991년까지 철도청에서 경부고속철에 대한 기술조사를 실시했는데 노선 대안 12개, 역대안 3개, 속도대안 3개 등 108개 대안을 놓고 검토했다. 그 결과 내부수익률이 애초보다 5%p 높은 19.4%로 나타나 경제적 타당성이 여전히 유효하다는 결론이 나왔다.

　1990년 6월에 사업계획 및 노선이 확정되었으며 제3회 사회간접자본건설추진위원회 의결을 거쳤다. 이때 추정된 금액은 5조 8462억 원(경부선)이었다. 91년 6월에 경부고속철 노반실시 설계가 시작되어, 92년에 세부 노선이 확정되었고 시험선 구간으로 천안~대전 구간의 착공에 들어갔다.

　시기적으로 고속철도 운영준비는 총 3단계로 나누어 시행되었다. 제1단계(1994.11~2001.12)는 '기본계획 수립 및 운영준비 초기 단계'로 고속철도 차량 인수 및 운영에 관한 주요 기본계획을 수립하고 기본 준비를 행하는 것이었다. 제1단계에 고속차량을 포함한 계약이 프랑스를 중심으로 이루어졌기 때문에 어학훈련 및 새로운 시스템의 기술이전에 초점을 맞추고자 경험이 풍부한 철도 정예요원을 프랑스로 보내 기술을 배워왔다. 한편 고속철도 운영을 준비하는 조직을 정비하였으며, 운영과 연계한 시험선 및 공구별 공사도 치밀하게 점검했다.

1997년 몰아닥친 외환위기는 KTX 건설 역사에서 최대의 장애물이었다. 외환위기는 대한민국의 모든 경제를 삽시간에 얼어붙게 만들었고, 또 한 번 고속철 건설의 타당성에 의문을 제기하는 비판이 고개를 들었다. 그러나 이미 출발한 역사의 흐름을 되돌릴 수는 없었다. 1998년 7월 고속철 기본계획이 제19회 사회간접자본건설추진위원회에서 변경되어 계속 추진하기로 결정되었다. 건설기간은 2004년으로 연장하고 2단계는 2010년에 완료하기로 했다. 이때 추정된 금액은 18조 4,358원으로 91년 최초 추정 사업비인 5조 8,462억 원에 비해 약 13조 원이 증가하였다. 이러한 우여곡절을 거쳐 99년 12월에 충남 연기군~충북 청원군 34.4km에서 시험운행을 했다.

제2단계(2000.1~2003.10)는 '운영체계 구축 및 시운전 단계'로 양성된 인력의 현장배치, 운영조직 확대, 각종 운영시스템 및 제도를 정비하였다. 동시에 운임, 마케팅 등을 수립하는 실질적 운영준비의 마무리 단계였다. 제3단계(2004.1~4)는 '종합 시운전 및 최종 점검단계'로 열차 운행계획 및 시설, 장비를 차질 없이 점검하였다. 또한 개통행사 및 영업을 준비하는 한편, 서울~부산, 서울~목포간 통합 시운전을 마치고 전 구간 시운전을 3개월 동안 실시하였다.

드디어 최초 재원조달계획이 발표된 93년 6월부터 129개월, 시험

선구간 착공시기인 92년 6월부터 141개월만인 2004년 3월 30일 경부고속철도 1단계 개통식이 열렸다. 우리나라 역사상 처음으로 고속철의 시대가 열렸으며 전 세계적으로 5번째 고속철도였다. 개통식이 열린 다음 날인 2004년 4월 1일 경부고속철도가 역사적인 운행을 개시했다. 또한 같은 날에 호남선에서도 고속열차가 운행을 개시했다. 자랑스러운 고속철이지만 1단계 개통에 불과했다. 이어 2006년과 2007년, 2009년에 계획이 수차례 변경되었고 완전한 개통도 연기되었다. 이러한 우여곡절 끝에 2010년 11월 1일 2단계 구간(대구~부산)이 개통되어 서울에서 부산까지 명실상부한 고속철도가 완전히 개통되어 쾌속 운행을 시작했다. 동쪽에서 경부고속철이 건설되는 중에 서쪽의 호남고속철 공사 역시 착착 진행되어 2015년 4월 서울에서 광주송정을 잇는 호남고속철도 개통을 했다. 실로 계획 확정 이후 104개월, 기공식 이후 64개월 만의 대역사가 일차적으로 종지부를 찍은 것이다.

뒤돌아보면 고속철의 역사는 고난과 역경, 인내와 극복의 역사라 할 수 있다. 총비용은 현재까지 36조(경부선 24조, 호남선 12조)원이 들었고, 기간은 64~104개월이 걸렸다. 엄청나게 많은 돈과 시간, 인력을 들여 남북축의 고속철을 건설한 이유는 '단지 빠르게 가기 위한 것'만은 결코 아니다. 우리나라의 경제혁명을 일으키고, 국민생활을 변혁시키며, 국가 대통합과 더불어 21세기를 선도하는 새로운 기술을 갖기 위함이다.

표에서 알 수 있듯 2017년 우리나라 국민 중 1억 1500만 명 이상이 열차를 이용했으며, 한 사람이 평균 2회 이상 열차를 이용한 것으

2017년 고속철도 정차역 별 승하차 인원

2017년 기준		하차인원(명)			
NO	역 명	KTX or SRT	새마을,ITX	무궁화	합 계
1	*인천국제공항	522,690	–	–	522,690
2	*검암	154,350	–	–	154,350
3	행신	636,128	–	–	636,128
4	서울	12,124,415	551,382	2,360,726	15,036,523
5	*용산	5,353,591	481,207	1,454,626	7,289,424
6	영등포	81,824	908,461	3,437,743	4,428,028
7	광명	4,153,153	–	–	4,153,153
8	수원	604,634	1,288,210	4,263,281	6,156,125
9	천안아산	3,914,551	–	–	3,914,551
10	오송	3,067,867	4,963	179,743	3,252,573
11	대전	6,137,418	523,162	2,415,374	9,075,954
12	서대전	389,823	363,075	1,121,956	1,874,854
13	수서	6,349,726	–	–	6,349,726
14	동탄	1,062,215	–	–	1,062,215
15	지제	389,538	–	–	389,538
16	공주	93,550	–	–	93,550
17	계룡	98,074	43,039	154,157	295,270
18	논산	84,572	135,826	447,761	668,159
19	김천구미	1,058,625	–	–	1,058,625
20	동대구	8,153,007	476,741	2,770,710	11,400,458
21	신경주	1,625,672	–	–	1,625,672
22	울산	2,437,025	–	–	2,437,025
23	경산	37,954	56,237	1,007,366	1,101,557

(역 명 column 8~18: 수도·중부권, 19~23: 영남권)

24		밀양	263,866	142,044	860,900	1,266,810
25		구포	465,145	229,235	995,150	1,689,530
26		부산	8,610,724	290,445	1,734,623	10,635,792
27	영남권	진영	91,643	17,459	86,023	195,125
28		창원중앙	707,786	44,650	240,967	993,403
29		창원	174,285	17,899	107,078	299,262
30		마산	377,794	27,069	141,021	545,884
31		진주	142,809	22,645	126,088	291,542
32		포항	1,041,714	–	–	1,041,714
33		익산	1,686,766	285,632	892,319	2,864,717
34		정읍	364,681	93,782	201,046	659,509
35		광주송정	3,072,842	47,513	310,079	3,430,434
36		나주	405,724	14,728	68,807	489,259
37		목포	923,755	30,507	180,564	1,134,826
38	호남권	전주	784,190	110,607	584,254	1,479,051
39		남원	160,184	32,793	167,048	360,025
40		곡성	36,801	20,154	99,453	156,408
41		구례구	33,210	8,253	68,002	109,465
42		순천	645,733	66,086	478,841	1,190,660
43		여천	186,571	11,231	114,278	312,080
44		여수엑스포	464,617	38,242	269,458	772,317
45		강릉	67,701	–	–	67,701
46		둔내	1,932	–	–	1,932
47	강원권	만종	8,569	–	202	8,771
48		상봉	5,004	–	–	5,004
49		양평	3,093	14,991	392,148	410,232
50		진부	4,950	–	–	4,950

51	강원권	청량리	28,013	129,147	1,609,024	1,766,184
52		평창	4,380	−	−	4,380
53		횡성	2,814	−	−	2,814
	계		79,297,698	6,527,415	29,340,816	115,165,929

자료 : 2018 철도통계연보

로 집계되었다. 이중 59.1%가 KTX를 이용했고 35.3%는 무궁화호, 5.6%는 새마을호를 이용했다. 숫자상의 단순 비교만으로도 KTX가 국민생활로 완전히 정착했으며, 전 국민의 사랑받는 교통수단이 되었음을 알 수 있다. 운영 수익성 측면에서도 KTX가 경제성이 높은 열차임이 입증되었다.

우리나라 고속철도 건설의 특징은 태생적 목표와 과정적 목표가 해외 선진국과 다르다. 즉 태생적으로는 한계에 달한 고속도로를 효과적인 수단으로 대체하고자 했으며, 건설 과정에서 고속철도 기술의 자립과 철도 전문기술자 양성이 크게 부각되었다. 실제로 고속철도 도입과정에서 시험선을 먼저 건설한 후 프랑스 테제베모델을 테스트하였으며 많은 시운전 경험을 통하여 국내 기술로 한국형 고속열차 개발의역량을 확보하였고 전문기술자를 양성하는 계기를 마련하였다.

처음에 KTX를 반대하는 사람들은 20조 원에 달하는 건설비로 경부고속도로 4개를 더 만들 수 있다는 주장을 내세웠다. 단순한 계산과이론으로는 그 주장이 맞다. 그러나 고속도로가 늘어나면 자동차 역시 그만큼 늘어나고 그만큼 교통체증도 증가한다. 즉 악순환의 굴레에 빠지는 것이다. 선진국인 프랑스, 독일, 일본이 엄청난 비용을 들여 고속철도를 개발하고 설치한 이유는 자동차의 태생적 난맥상을 잘 알기 때문이다. 러시아, 중국, 대만, 이탈리아, 스페인 등이 고속철도에 뛰어든 이유도 똑같은 이치이다. 사실 러시아, 중국을 제외한 국가들은 영토 면적에서 크게 차이가 나지 않는다. 고속철도는 2시간 혹은 3시간 빨리 가기 위한 것 이상으로 많은 혜택을 국가와 국민에게 주기 때문에 그렇게 많은 비용을 들여 고속철도에 심혈을 기울인 것이다.

나아가 전 세계의 대다수 나라들은 고속철도의 필요성을 절감하고 있으며 선진 고속철 기술을 전수받아 자신의 나라에도 고속철을 놓겠다는 장기 계획을 가지고 있다. 또 다양한 철도/열차 기술이 연구되고 있다. 자기부상열차, 모노레일, 경전철, 개별 고속 교통수단인 PRTPersonal Rapid Transit 시스템도 곧 실현될 것이다. 이러한 첨단 교통수단들과 더불어 고속철도는 더욱 발전되고 더욱 퍼져나갈 것이다. 전 세계가 고속철도로 연결될 날도 그리 멀지 않았다. 그때가 되면 '80일간의 세계일주'를 뛰어넘는 '8일 간의 세계일주'도 가능하지 않을까?

03

도로(자동차)와의 결전
- 끝나지 않은 승부

기차는 인간, 환경, 미래이다

—

조해일의 단편 〈자동차와 사람이 싸우면 누가 이기나〉는 그 특이한
제목만으로도 내용과 결론이 궁금해지는 소설이었다.

'한 사람이 자동차 한 대 갖기 협회'와 '걷기를 좋아하는 사람협회' 사이의 해
묵은 반목은 마침내 조직적 투쟁의 단계를 거쳐 전쟁상태로 돌입한다. 곳곳
에서 자동차에 대한 테러행위가 벌어지는가 하면 반대로 보행자에 대한 보
다 조직적이며 무자비한 폭력행위가 공공연히 감행되었다.

이 소설이 발표된 1979년대의 우리나라 경제는 지금과 현격히 달

랐고, 자동차 보유 대수 역시 비교가 되지 못할 정도였다. 1980년에 자동차 수가 527,729대였으니 2014년의 2천만 대에 비하면 겨우 2.6%이다. 그런데도 자동차가 인간에게 주는 나쁜 영향을 주제로 소설을 썼다는 사실은 작가가 자동차의 부정적 측면을 일찌감치 간파했다는 것이 아닐까.

자동차는 지극히 편리하고 효율적인 교통수단이다. 그러나 그만큼 폐해와 불편함도 크다. 다른 교통수단, 예컨대 비행기나 배, 자전거, 기차, 오토바이 등 다양한 교통수단은 각각의 장점과 단점을 지니고 있다. 그러므로 "어떤 교통수단이 더 좋다"라고 단정적으로 말할 수는 없다. 만약 소설의 제목을 바꾸어 〈자동차와 기차가 싸우면 누가 이기나〉를 주제로 써달라고 요구하면, 작가는 누구의 손을 들어줄까? 과연 자동차가 이길까, 아니면 기차가 이길까? 혹은 무승부로 끝날까?

▋ 자동차 중심 정책의 결과들

1945년 해방 후부터 1960년대까지 우리나라에서 기계적 교통수단은 일제日帝가 남긴 철도가 유일했다. 대부분의 도로는 포장되지 않은 자갈길이나 흙길이었고 그나마도 대륙 침략의 발판으로 활용하기 위해 만든 신작로新作路였다. 이 전근대적 길에 일대 혁명을 가져온 것이 1970년 개통된 416km의 경부고속도로였다. 고속도로는 우리의 일상을 획기적으로 바꾼 단군 이래 최초의 교통혁명이었으나 서울-부산

축을 국토공간의 기본 골격으로 굳히는 계기가 되었다. 또한 이후 기차보다는 자동차에 주력하는 정책의 단초가 되었다.

고속도로의 등장과 함께 자동차가 화려한 주인공으로 등장했다. 자동차는 우리의 생활과 국토에 커다란 영향을 끼쳤다. 1980년대 후반부터 '1가구 1차 시대'가 열리면서 자가용 의존은 한층 심화되었다. 현대인은 "일하기 위해 자동차를 샀다. 이제는 자동차를 사기 위해 일한다"라는 비아냥거림이 있을 정도다Kay, 1997:115. 자동차는 길만 뚫리면 어디든 편리하게 갈 수 있다는 특징을 비롯해 여러 장점이 있으나 사고로 인한 생명 손상과 무질서한 시가지 확산의 주범이기도 하다. 철도는 방사상으로 뻗어나가기 때문에 그 사이에 열린 공간이나 녹지를 조성할 수 있다. 그러나 무질서한 도로망은 난개발을 일으켜 아름다운 자연환경을 망가뜨린다.

이외에도 자동차의 단점은 많다. 대중교통이 없는 통근권의 확대는 에너지 낭비 등 각종 사회비용을 높이며, 매연으로 대기를 오염시킨다. 또한 자동차는 지칠 줄 모르는 국토공간의 약탈자이다. 자동차가 1대 늘어나면 대략 100m²의 토지가 소요되는데, 이는 4인 가족이 도시생활을 하는 데 필요한 면적과 맞먹는다. 자동차를 위한 공간을 만드는 과정에서 전통 역사공간이 파괴되거나 한 동네가 두 동강이 나는가 하면, 각종 교통시설물로 인해 도시 미관이 훼손된다.

또 자동차는 보행자와 녹색 교통수단을 거리에서 몰아냈다. 미국은 1930년대 이후 자동차가 주도적 위치를 차지하면서 전차가 퇴출되었다. 유럽에서도 자동차 도로를 넓히기 위해 인도를 좁히거나 자전거

도로를 주차장으로 바꾸었다. 자동차는 불과 한 세기만에 수천 년에 걸쳐 만들어진 인류문명을 붕괴시킨 셈이다.

경부고속도로가 완성된 1970년에 우리나라 자동차 수는 12만 7천 대, 도로연장은 40,244km, 포장률은 9.6%에 지나지 않았다. 하지만 본격적인 자가용 시대로 진입한 1994년에는 자동차 수가 740만대, 도로연장은 73,833km, 포장률은 77.7%에 이르렀다. 기하급수적으로 늘어난 자동차는 2014년 10월 30일 20,002,967대를 기록했다. 1945년 7천여 대에서 출발해 70여년 만에 무려 2,700배가 증가한 것이다. 그럼에도 불구하고 우리나라 자동차 보급률은 서구국가의 0.6대/인의 절반에 지나지 않는다. 앞으로도 계속 늘어나리라는 예측이 가능하다. 비록 기술개발에 의해 지능형 그린카로 변화될 가능성이 크다는 한 가지 희망이 있으나, 자동차가 공간을 차지하는 비율은 계속 늘어날 것이고, 쾌적한 인간 활동의 범위는 줄어들 것이다.

이제 도로 중심의 국토개발이 과연 바람직한지 되돌아보아야 한다. 좁은 국토에 환경을 오염시키고, 사고를 일으키며, 생활 교란을 불러오는 자동차와 과잉 도로건설이 계속되어야 하는지 성찰해야 한다. 2008년 국토연구원의 평가는 우리의 지나친 자동차 위주 정책에 실책이 있었음을 명백히 보여준다.

"경부고속도로가 오늘날 한국 경제발전의 견인차 역할을 수행했다는 것에 대해서는 이견이 없을 것이다. 다만 경부고속도로로 출발된 도로투자의 집중은 자동차 중심의 도로교통을 고착화시키는 부작용을 낳았다고 평가될 수 있으며, 고속도로에 집착한 나머지 21세기 신교통수단으로 재부상 중인 철도망의 복선·고속화 및 투자가 부족했고 기존 도로 개선 등에 소홀했던 점은 아쉬움으로 남는다."

▌철도 르네상스를 꿈꾸며

자동차와 기차를 단순 비교하여 어떤 교통수단이 더 우월한지를 평가하기는 어렵다. 그러나 21세기에 들어서면서, 인간의 기동력을 높여주고 생활을 편리하게 해주는 대가로 누리던 자동차에 의한 독재체제AUTOcracy에 대한 비판이 일어나기 시작했다. 직전 주로 거론되던 교통문제들이 혼잡이었다면 현재는 환경 또는 기후변화이다. 자동차가 바로 기후변화의 주요 원인이기 때문이다. 선진국의 도시들이 자동차 중심적 정책의 결과로 심한 교통정체, 환경오염, 사고로 인한 사상, 높은 에너지 가격에 직면하자 적극적으로 자동차 억제 정책을 추진하고 있다. 예컨대 2003년 런던에 도입된 혼잡요금제는 도심지역 교통량을 18% 떨어뜨렸고 혼잡을 30% 완화시켰다. 이제 그 혜택은 자동차 소유자를 포함해 시민 모두에게 돌아가고 있다.

그렇다면 기차는 무엇이 다를까? 기차가 자동차의 단점을 상쇄하고 우리의 삶을 더 행복하게 만들어줄 수 있을까? KTX는 그 가능성을 잘 보여준다. 최초의 철도는 1830년 5월, 영국에서 광산의 석탄 운반용으로 만들어졌다. 그때 증기기관차의 시속은 27km 정도였다. 이후 눈부신 성장을 거듭했으며 19세기에는 마차바퀴 폭과 같은 1,435mm 표준궤도가 정착돼 세계로 뻗어나가 인류사회를 변혁시켰다. 1898년 우리나라에 도입된 기차 역시 변혁의 상징이었다. 그러나 100년 넘게 질주해온 철도는 자동차와의 경쟁에서 밀려나 일시적으로 낙후와 침체의 길을 걷게 되었다.

철도의 르네상스는 1964년 도쿄올림픽 개최와 함께 도쿄-오사카(515.4km)에 시속 200km의 고속철도가 개통하면서 신호탄을 올렸다. 그후 1981년 프랑스 파리-리옹(470Km) 사이에 시속 270km 테제베 운행으로 본격적인 고속철도 시대가 활짝 열렸다. 현재는 최고 시속 360km의 고속차량 AGV가 개발되었으며 독일의 ICI, 스페인 AVE 등과 영불 해저터널을 관통하는 Eurostar를 비롯해 EU 국가 간에 고속철도망이 거미줄처럼 운행 중이다. 아시아 국가 중에는 일본을 선두로 한국, 대만, 중국 등의 순서로 고속철도 개통에 합류하고 있다.

2004년 4월 1일 개통된 KTX는 건국 이래 가장 규모가 큰 메가프로젝트Mega-Project였다. 1992년 천안-대전 시험구간 착공부터 2015년 호남고속철 개통까지 23년이 필요했다. 수많은 비판과 문제, 역경을 극복하고 탄생한 고속철도는 이제 전 국민의 사랑을 받으며 한국인의 생활을 변화시키고 있다. 특히 KTX가 경제에 미치는 영향은 매우 크다.

첫 번째 효과는 시간 단축이다. 서울-부산의 소요시간은 새마을호 기준 4시간 30분에서 2시간 18분으로 절반 정도 줄었다. 전국을 한 시간대로 연결하는 KTX 초고속 철도망이 구축되면 전 국토가 하나의 도시생활권이 된다. 따라서 KTX는 서울과 지방의 격차를 없애고 전 국민이 골고루 잘 살 수 있도록 상호교류와 통행을 증가시켜준다. 이로 인한 관광이나 국제회의 개최 등도 꾸준히 늘어나고 있다.

두 번째 효과는 에너지 절감과 환경오염의 감소이다. 고속철도는 자동차나 항공기에 비해 에너지 효율이 높은 친환경적 첨단 교통수단이다. 신칸센이 승객 1인을 1km 운송하는 데 드는 에너지 소비량을 100으로 한다면, 항공은 427, 버스는 183, 자동차는 613이다. 철도의 에너지 소비량이 자동차의 1/6에 불과한 것이다. 이산화탄소 배출은 신칸센이 100이라면 항공기는 500, 버스는 317, 승용차는 750으로, 기차는 승용차의 1/7.5에 지나지 않는다. 또한 1인을 수송하는 데 필요한 면적은 철도가 1.5m², 버스는 3.1m², 승용차는 6.2m²이다. 철도가 얼마나 효율적이고 친환경적 교통수단인지 알 수 있다. 한국철도기술연구원에 따르면 KTX 운행으로 국내 항공기와 고속버스 운행이 줄어들면서 순온실가스 감축비용, 즉 환경편익이 연간 5,732억 원에 달하는 것으로 나타났다.

세 번째 효과로 KTX 정차역을 중심으로 한 'KTX 경제 현상'이 나타난 것이다. 서울, 대전, 대구, 부산, 광주를 중심축으로 KTX 경제는 한국 경제를 새롭게 이끌어갈 것이다. 2020년이 되면 전 국민의 84%가 KTX의 혜택을 받고 전 국토의 82% 정도가 영향권에 포함될 것이다. 한마디로 요약하면 전국을 90분대 '단일 도시생활권'으로 만드는 일이 충분히 가능해진 것이다. 따라서 KTX 경제권이 꿈꾸는 미래는 우리나라를 초고속철도망(시속 360Km 이상)으로 촘촘히 누벼 전 국토를 하나의 거대도시권으로 통합하는 것이다.

KTX가 개통된 지 15년이 넘었다. 지난 15년 동안 KTX는 우리 삶의 다양한 모습을 긍정적으로 바꾸면서 더욱 희망찬 미래를 제시하고 있다. 동서와 남북을 긴밀하게 연결하는 KTX가 구축되면 국토의 모습과 한국인의 생활상은 완전히 바뀌게 될 것이다. 또한 유라시아 철도망이 연결되면 한국인의 활동무대가 한층 넓어져 한민족의 우수성과 강인함을 세계에 보여줄 것이다. 이 밑바탕에 KTX가 있다.

이제 첫머리의 질문으로 돌아가보자. 〈자동차와 사람이 싸우면 누가 이기나〉라는 소설에서 최종 승자는 안타깝게도 사람이 아니라 자동차였다. 작가는 자동차로 인한 암울한 미래를 우리에게 경고한 것인지도 모른다. 그가 〈자동차와 기차가 싸우면 누가 이기나〉를 주제로 썼다면 어떤 결론을 내렸을까? KTX가 없었다면, 자동차가 이긴다고 똑같은 결론을 내렸을 것이다. 그러나 KTX가 등장했기에 '기차가 이긴다'고 명쾌하게 결론을 내릴 것이다. 그것이 바로 KTX의 힘이다.

'관광'이라는 이름의 KTX역은 가능할까

—

한양 광화문의 정동 쪽에 있다 하여 붙여진 이름, 정동진正東津. 1995년 인기 드라마 〈모래시계〉가 방영된 이후, 동해안의 한적한 역에 불과했던 정동진역은 우리나라 관광명소의 하나가 되었다. 세계에서 바닷가에 가장 가까운 기차역으로 기네스북에 등재되어 있을 정도로 아름다운 풍광을 자랑하지만 1990년대 이전 이곳을 찾는 관광객은 극히 드물었다. 한적한 기차역이 널리 사랑받는 관광명소로 떠오른 데는 TV의 힘과 이를 활용한 철도공사의 노력이 빚은 열매라 할 수 있다.

이제 21세기 고속철도 시대를 맞아 기차역은 어떤 모습으로 새롭게 태어날 수 있을까? 단지 떠나고, 돌아오고, 사람들을 맞는 본래 기능에서 벗어나 새로운 모습으로 우리에게 다가올 수 있을까? 삶의 형태를 바꾸어가는 KTX와 KTX역은 여러 역할 중에서 '관광'의 새로운 시대를 열어갈 수 있을까?

고속철도의 개통으로 통행시간이 단축되고 생활권이 광역화 되면서 긍정적 파급효과가 다양한 곳에서 나타나고 있다. 특히 고속철도가 정차하는 역과 역세권은 단순한 교통의 거점을 넘어 도시와 도시를 연결하는 관문으로서 사회, 경제, 문화, 물류의 중심으로 새롭게 떠오르고 있다.

지역 간 이동의 시간 단축은 여러 목적의 통행을 증가시켰고, 경제적 여유와 함께 주5일 근무제 정착은 단순한 이동에서 여가 목적을 가진 이동, 즉 여행과 관광 활동을 촉진시켰다. 철도를 통한 관광 증진은 지역 간 교류를 활성화시키고, 지역자원의 부가가치를 확산시키는 굴뚝 없는 산업으로서의 관광산업을 키우는 원동력이 되었다. 나아가 저렴한 교통비용으로 인해 성장잠재력 또한 매우 높다. 지역적 연계뿐 아니라 국가 간 연계와 대륙 간 연계성도 뛰어나 문화관광과의 동반성장이 가능하다.

KTX가 전국을 누비면서 철도역은 관광지의 거점이며 목적지의 하나인 관광자원으로 변하고 있다. 그러나 아직까지 KTX, 일반철도, 도시철도 역세권 등은 기본적 역무 관련 시설 외에는 대부분이 상업시설로 구성되어 있어 특징 없는 개발이 이루어지고 있다. 철도역과 역세권 주변 관광자원에 대한 고려 없이 역 자체 개발에 중점을 두었기에 새로운 패러다임을 수용하기에는 한계가 있다. 기존 역세권의 일반적 활용에서 벗어나 관광에 초점을 맞춘 창조적 활용을 어떻게 이룰 수 있을까?

▌역세권을 관광과 연결시키려면?

역세권에 대한 정의는 다양하다. 일반적으로. 걸어서 철도역에 닿을 수 있는 거리를 도보권역이라 하고, 주변 지역의 지상/지하 공간과의 연계개발이 가능하고 이용 인구나 성격에 따라 역의 세력이 미치는 곳을 역세권이라 한다. 역세권의 범위는 일정하게 나타나지 않다. 도시의 규모와 이용 인구, 역의 규모와 기능적 특성, 정차하는 열차의 종류와 횟수, 주변 토지를 어떻게 이용하느냐에 따라 역세권의 범위가 달라진다.

역세권은 직접역세권과 간접역세권으로 나뉘는데, 고속철도 역세권의 범위는 일반철도보다 훨씬 넓다. 걸어서 10분 이내인 반경 1km가 직접역세권이라면, 이를 넘어서는 곳에서 보행이 아니라 교통수단을 이용해 역에 닿는 거리를 간접역세권이라 한다. 이 간접역세권은 직접역세권의 기능을 보조하고 지원할 수 있는 지역으로 보통 5km 이내이다.

그렇다면 걸어서 10분 내외에 KTX역이 있다면, 그 역은 관광지로서의 역할을 할 수 있을까? 아니면 30분이라는 시간과 버스(혹은 전철) 비용을 투자하고도 전혀 아깝지 않은 곳이라는 멋진 장소가 될 수 있을까? 사람들의 이러한 욕구와 바람에 대응하기 위해 KTX역은 관광의 측면에서 스스로의 역할을 가져야 한다.

첫째, 관광 목적지로서의 역할이다. 역세권 자체가 지닌 매력 요인이 관광 대상이 되어야 한다. 인공적인 시설 개발을 통해 방문객을 유치할 수 있는 다양한 볼거리, 즐길거리 등을 제공해야 한다. 호텔이나 쇼핑시설 등 단순한 관광 편의시설뿐 아니라 역세권 그 자체가 방문객을 끌어들이는 관광 매력물의 역할을 할 필요가 있다.

둘째, 관광 경유지로서의 역할이다. 역세권은 대부분 도시 중심에 위치하고 있기 때문에 도시의 관문이나 허브 역할을 맡는다. 또 역세권은 최종 목적지로 가기 위한 환승의 장소이기도 하다. 이에 따라 환승객을 위해 교통 및 관광정보 제공 등의 편의를 제공한다.

셋째, 관광 배후지로서의 역할이다. 역세권이 대규모 관광휴양지나 특별한 관광명소에 위치함에 따라 이곳을 찾는 방문객들에게 숙박, 안내 등 다양한 편의를 제공할 수 있다. 역세권 자체의 관광 매력성은 높지 않으나 특별한 명소 인근에 자리잡아 관광지를 찾는 사람들에게 즐길거리와 볼거리, 숙박 등을 제공해야 한다.

▌ 선진국은 어떻게 철도를 관광에 활용할까?

우리보다 먼저 철도를 다양한 용도로 활용하고 있는 유럽의 여러 나라와 일본, 홍콩 등은 관광 진흥을 위해서도 노력하고 있다. 일본의 나고야역, 교토역, 하마마츠역, 시나가와역, 가루이자와역 등 5개 역세권과 홍콩역, 구룡역 등 홍콩의 2개 역세권, 프랑스 유라릴역과 리옹 파르디외역, 네덜란드의 위트레흐트역, 독일의 쾰른역 등 유럽 4개 역세권이 어떻게 철도와 관광을 연결시켜 경제발전에 이바지하는지 살펴보자.

■ 문화관광 특화에 중점을 둔 아시아의 선진 기차역들 ■

● 나고야역
나고야역은 하나의 빌딩에 복합 용도시설을 입체적으로 배치하여 저층부에는 기본 업무시설과 판매시설을 두었고, 상층부에는 업무 및 숙박시설을 만들었다. 현재는 나고야의 랜드마크로서 나고야역 일대를 브랜드 지역으로 탈바꿈시켰다.

나고야역
출처 : 한국교통연구원

● **교토역**

교토역은 역내에 숙박, 판매, 업무시설을 평면적으로 배치시켰으며 관광객 편의를 위한 안내소, 국제교류센터, 여권사무소 등도 설치했다. 최상층에는 하늘공원을 만들어 교토의 주요 역사문화재를 조망할 수 있도록 하여 역사문화도시의 관문 기능을 한다. 교토시의

교토역
출처 : 한국교통연구원

부족한 주민 편의시설을 확충하고 도시 전체의 조화로운 발전을 이끌기 위해 영화관, 갤러리, 야외공연장 등 문화공간도 조성했다. 그 결과 역세권은 점점 활기를 띠고 있다.

- **시나가와역**

시나가와역은 도쿄도 미나토구에 있는 철도역이다. 부지를 성격에 따라 여러 개의 구역으로 나누어 업무, 상업, 주상복합, 교통서비스 등으로 개발했다. 이 가운데 Inter City와 Grand Commons는 4개 지역으로 세분했고 저층에서 서로 연결하여 하나의 업무 클러스터를 형성하도록 했다. Grand commons는 7개 동의 개별 건물들이 보행로로 연결되어 저층부에 식음시설을 중심으로 하는 스카이웨

시나가와역

출처 : 한국교통연구원

이Skyway를 만들었고, 수변 공간의 오픈스페이스를 별도로 조성하여 쾌적한 상업공간이 되도록 했다.

● 하마마츠역

하마마츠는 시즈오카현靜岡縣 서부에 있는 공업도시다. 걸어서 3분 거리에 있는 액트시티 21에 대회의장, 전시장, 호텔 등 3대 컨벤션 요소를 갖추고 있다. 45층 호텔과 국제컨벤션센터도 함께 있어 매년 수차례의 국제회의를 유치하고 있다. 그밖에 일본 최초의 공립 악기박물관, 미술관, 과학관, 전시관 등의 다양한 시설이 있으며 도카이도 신칸센뿐만 아니라 부지 내의 시외버스터미널은 교통서비스를 편리하게 제공한다.

하마마츠역

출처 : 한국교통연구원

● 가루이자와역

가루이자와는 혼슈本州 나가노현長野縣에 있는 휴양지로 예전부터 유명한 별장 지역이었다. 신칸센 개통 이후 접근성이 좋아지면서 많은 관광객이 방문하고 있다. 역 인근에는 대형 스키장과 레저시설을 비롯해 유명 정치인이나 연예인의 별장이 다수 있다. 리조트 내에는 대형 명품 아울렛들이 있어 인근 지역주민뿐 아니라 외국 관광객들에게도 인기가 많다.

가루이자와역

출처 : 한국교통연구원

홍콩역

출처 : 한국교통연구원

● 홍콩역

홍콩역은 CBD 확장을 통해 2개의 역을 신국제금융센터로 복합 개발하였다. 국제금융센터 2개 동을 중심으로 IFC쇼핑센터,

호텔 컨벤션, 업무시설 등이 있으며 비행기 탑승 수속을 밟을 수 있는 편의시설 등이 마련되어 있다.

● **구룡역**

구룡역은 4개의 교통 플랫폼을 중심으로 호텔 업무, 주거로 개발된 역세권이다. 홍콩 MTRC와 공항철도가 동시에 지나고 중국 내륙으로 가는 교통편도 이용할 수 있다. 대형쇼핑몰이 입점해 있어 쇼핑은 물론 다양한 편의시설로 집객효과를 높였다. 홍콩역과 마찬가지로 역 내에서 비행기 탑승 수속을 밟을 수 있다.

홍콩구룡역

출처 : 한국교통연구원

■ 문화관광 특화에 중점을 둔 유럽의 선진 기차역들

● 유라릴역

유라릴역은 프랑스 릴Lille에 있는 역이다. 릴은 플랑드르 지방의 중심 도시로 파리에서 북쪽으로 약 220km 떨어져 있다. 이곳 역세권은 유라릴EuraLille 프로젝트를 통해 국제비즈니스센터와 호텔, 대규모 쇼핑센터, 카지노 등이 들어서면서 서비스산업의 중심지로 거듭나고 있다. 박물관, 오페라극장 등이 있는 옛 도심이 역사문화지구로 지정되었고 30km 떨어진 랑스Lens에 새로 조성되는 루브르박물관 분관과의 연계를 통해 역사문화 도시로의 특색을 강화하고 있다. 또한 지역 발전을 위해 대규모 주거상업 복합 쇼핑센터, 공원, 대학, 대규모 주차장 등을 조성하는 마스터플랜을 진행하고 있다.

● 리옹 파르디외역

리옹 파르디외역은 프랑스 론알프주 리옹에 위치한 기차역이다. 1978년 리옹과 파리를 2시간에 연결하는 테제베가 생기면서 리옹뿐만 아니라 중부 프랑스의 철도교통 중심지가 되었다. 유네스코가 지정한 옛도심을 보호하기 위해 신시가지인 파르디외 지구에 고속철도역을 세웠다. 역 주변으로 여러 나라의 금융기업들과 상점, 정부기관, 지역사무소들이 입주해 있으며 역을 중심으로 옛 도심과 연계되는 교통이 발달하여 다양한 역사유적들을 감상할 수 있다.

리옹 파르디외역

출처 : 한국교통연구원

● 쾰른역

쾰른은 독일 노르트라인베스트팔렌 주의 도시로 네 번째로 크다. 쾰른 중앙역세권은 인접한 역사유적, 박물관, 미디어파크 등 주요 시설과의 연계성을 살리면서 상업, 업무, 서비스, 주거 등 복합기능을 도입했다. 주변에는 쾰른대성당, 루드비히박물관, 옛 시청 등이 있으며 다양한 교통수단으로 지역 내는 물론 지역 간 교통을 연결하고 외국 관광객을 위한 프랑크푸르트 공항과의 연계도 강화시켰다.

● 위트레흐트역

위트레흐트는 네덜란드 위트레흐트 주의 주도이며 수도 암스테르담에서 남동쪽으로 42km 떨어져 있다. 역사 유적지가 많은 이곳은

2003년 Utrecht Station Area Master-plan에 의해 도시 중심지로서의 역세권을 개발하였다. S, M, L, XL로 나누어 구역별로 다르게 개발했다. 특히 역과 광장을 포함한 부분은 집중 개발을 통해 새로운 이미지를 창출했으며 상업, 숙박, 카지노, 콘서트홀, 영화관 등 다양한 문화시설도 만들었다. 또한 주변에 수변공간이 많아 관광 상점과 레저시설들이 번성하고 있다.

지금까지 살펴본 11곳 역세권을 정리하면 다음과 같다.

구분		나고야	하마마츠	홍콩	유라릴	교토	쾰른	리옹 파르디외	시나가와	구룡	가루이자와	위트레흐트
철도	고속철도	●	●		●	●	●	●	●	◎	◎	●
	일반철도										●	
	도시철도			●						●		
	특수철도											
역세권	순수·복합	◎	○	○	◎	◎		○			◎	
	역세권 연접		●	●	◎		○		●	●		
	지역거점	●							○			
	광역거점			◎	●	●	●	●		◎	●	○
물리적 형태	단순 시설형			●					●		●	
	수직형	●	●									
	수평형							●				●
	메가 스트럭처형				●	●			●	●		
용도	컨벤션	●	●	●	◎	○			○	◎		
	호텔	●	●	●	◎	○		○	○		○	○
	박물관		◎		●		●	◎				
	미술관		◎				●	○	○		○	
	극장/영화관						●	○	○		○	◎
	콘서트홀, 오페라, 뮤지컬		◎		●	●						●
	레저·스포츠				◎						●	○
	엔터테인먼트	○	◎		◎	○	●		◎	◎		
	공원, 광장	○		◎	◎	○	○	○	◎	◎		
	전시공간	○	●		○	○		◎				
	쇼핑센터	○			◎	○	○	●	●	●	◎	
	오피스		○	●	○	○	○	◎	◎	●	○	○
관광 자원	자연										◎	●
	역사문화				●	●		●				
	엔터테인먼트		◎		◎	◎	◎		●	●		●
	레저·스포츠										●	◎
	산업	○	○	◎	○			●				◎
	컨벤션	●	●	●						◎		
유형 종합		컨벤션 특화			역사문화				복합 테마 엔터테인먼트		스포츠 레저 특화	자연 (수변) 연계
					문화·예술	역사유적						

069

이를 종합하면 어떤 모습이 나타날까?

첫째, 고속철도 정차역을 중심으로 주변 관광지가 연계되는 관광거점 형태이다. 둘째, 역세권과 관광권의 접근성을 강화하여 도시·지역 관광자원과의 긴밀성을 확보하였다. 셋째, 수평/수직/메가스트럭처 등 여러 형태로 역을 개발해 다양성을 추구하였다. 넷째, 역세권 내에 친관광적 용도를 반영하고 도입시설들을 특화하여 관광수요를 높였다. 다섯째, 지역의 관광자원을 활용해 지역적·문화적·테마적 요소를 결합해 특화 기능을 강화시켰다.

관광 친화형 역세권의 유형 및 특징

유형	특징
MICE · 컨벤션 특화형	역세권 내에 국제회의나 비즈니스와 연계된 컨벤션센터, 전시 공간 등이 있어 사업적 동기로 방문한 비즈니스 여행객으로 하여금 단기간이지만 관광객의 역할을 하게 만드는 유형
스포츠 · 레저 특화형	각종 스포츠 대회나 이와 관련된 시설들, 그 밖에 테마파크나 리조트 등이 역세권 내에 위치하고 있어 일시적 방문객뿐만 아니라 여가를 즐기는 시민에게 소비적 기능을 제공
문화 · 예술 특화형	역사 또는 역세권내에 박물관, 미술관, 극장이나 콘서트홀 등 다양한 문화 · 예술적 흡인요소가 집적하여 관광객을 끌어들임.
역사유적 연계형	역세권 내에 역사유적이나 기념물, 명승지 등이 있어 방문객의 최종목적지역할이나 또는 역사 유적지로 가기 위한 경우지로서 방문객들에게 안내, 교통연계 등 관광에 필요한 다양한 편의를 제공
복합 · 테마 엔터테인먼트형	복합 쇼핑몰이나 다양한 위락시설 등이 역세권내에 포함되어 있어 방문객에게 재미, 흥미를 제공, 소프트웨어 중심의 고부가가치를 창출
자연 · 휴양 연계형	역세권 내 또는 역세권 배후지에 산악, 수변 등의 자연적 관광자원에 위치. 인공적 자원이 아닌 천연자원 임. 우리나라의 경우 역세권연계관광 형태 중 가장 많은 수를 가짐.
기타 테마형	분류된 유형 이외에 산업자원, 폐철도 등이 이에 해당

또한 관광 친화형 역세권의 유형은 MICE · 컨벤션 특화형, 스포츠 · 레저 특화형 등 7가지로 나타났다.

▌ 관광친화적 KTX역의 탄생을 기다리며

우리나라보다 철도교통 선진국인 일본, 홍콩, 유럽은 이미 관광을 주제로 역세권을 개발해 역 자체가 많은 사랑을 받고 있으며 지역경제 발전에도 한몫을 하고 있다. 오늘날 철도는 단순한 이동수단이 아닌 하나의 관광자원으로 인식되는 친환경 운송수단의 역할을 한다. 기차역은 관광지의 거점이며 목적지의 하나인 관광자원으로 변하고 있다. 이러한 변화에 대응하여 관광환경과 관광객의 욕구를 반영한 역세권을 만들어가야 한다.

04

다시 짚어보는
'고속철도 반대' 논리

제2차 세계대전 시기에 프랑스 망명정부를 이끈 샤를 드골은 1962년 대통령 직선제 선거에 출마해 대통령에 당선되었다. 그의 고향 콜롱베레듀제글리즈Colombey-Les-Deux-Eglises는 투표 인구가 500여 명밖에 되지 않았으며, 예상대로 몰표가 쏟아졌다. 그러나 여기서 딱 한 표의 반대표가 나왔다. 반대표를 던진 사람은 뜻밖에도 드골의 충직한 요리사였다. 그녀는 드골이 대통령이 되면 "일이 너무 많아 건강을 해칠 수 있기 때문에 반대표를 던졌다"고 말했다. 그때 드골의 나이 72세였으므로 요리사의 심정은 충분히 이해할 만하지만 가장 가까운 측근이 반대표를 던졌다는 사실은 아이러니가 아닐 수 없다.

어떤 일이든 반드시 반대가 따른다. 반대에는 여러 종류가 있다. 무조건적 반대가 있고, 향상을 위한 반대가 있으며, 조건부 반대가 있고, 냉소적 반대도 있다. 반대 의견은 대부분 찬성보다 논리정연하고 치밀해서 가만히 들어보면 일면 타당하기조차 하다. 또 반대논리는 사람의 심리를 자극하는 요소도 있다. 그래서 어떤 사안이든 찬성에 찬성하는 사람보다 반대에 찬성하는 사람의 비율이 항상 높다.

고속철도도 처음에는 반대 의견이 만만치 않았다. 거시적 측면에서는 반대하지 않았지만 시행 과정에서 계획안을 수정하라는 미시적 측면에서의 반대와 비판도 적지 않았다. 고속철 건설과 관련해 찬반 의견이 나올 때마다 가장 먼저 떠오르는 것은 1960년대 말의 경부고속도로 건설이다. 1967년 박정희 대통령이 고속도로 건설을 제안했을 때 우리나라는 한국전쟁이 휴전으로 접어든 지 15년이 채 지나지 않았고, 세계에서 가장 가난한 나라 중의 하나였다. 그런 대한민국이 고속도로를 건설한다는 것은 "도대체 말이 되지 않는다"는 무조건적 반대가 앞섰으며, "국책사업의 우선선위가 잘못되었다"는 논리가 지배적이었다. 반대 논리의 요지는 농지를 훼손한다, 쌀도 모자라는 판국에 고속도로는 사치이다, 부유층의 전유물에 불과하다, 지역 균형발전을 저해한다, 국도와 지방도의 확장과 포장이 더 우선이다 등 여러 가지였다.

그 논리들은 당시에는 모두 옳은 반대 논리였다. 그런 우여곡절을 안고 경부고속도로는 1968년 2월 1일 착공하여 숱한 고난과 많은 사상자(77명 사망)를 낸 끝에 1970년 7월 7일 왕복 4차선 도로로 완공되었다. 이후 우리나라에 고속도로와 자가용 시대가 성큼 다가왔다. 45년이 흐른 지금, 대규모 국책사업을 벌일 때 가장 많이 던지는 질문은 "그때 경부고속도로를 건설하지 않았다면 지금 어떻게 되었겠느냐?"

는 것이다.

이 질문에 거의 대부분의 사람이 "그 결단은 옳았다"고 대답하면서도 국가와 국민을 위한 새로운 대규모 사업이 계획되면 반대를 하고 나선다. 올림픽과 월드컵을 개최하겠다고 발표했을 때도 반대하는 사람들이 있었다. 개최의 손익 여부를 떠나 분명한 사실은 1988년의 올림픽, 2002년의 월드컵을 개최하지 않았다면 우리나라는 세계 스포츠 양대 축제를 열 기회를 상당히 오랫동안 가질 수 없었다는 점이다. 2000년대 초반에 초고속 인터넷망 설치를 국가 차원에서 대대적으로 시행할 때도 반대하는 사람들이 있었다. 역설적이게도 그 반대자들이 지금 인터넷을 가장 잘 이용하는 사람들은 아닐까.

단군 이래 최대의 역사役事라는 고속철도 건설은 어땠을까?

고속철 기지창 건설반대 건교부에 행정심판 청구

경기도 고양시 행신지구 입주민 6천여 명은 경부고속철도 기지창 건설사업의 위치 선정이 잘못됐다며 정부를 상대로 건설 백지화를 요구하는 행정심판을 청구했다.—— 공동대책협의회는 행정심판에서 패소할 경우 서울고법에 행정소송을 내고, 소송 중에 공사가 시작되면 고양시 건축허가 관련 행정소송, 공사정지 가처분 신청, 집단행동 등 이미 확정된 일정에 따라 반대운동을 펼쳐나갈 계획이다.

– 1997. 1.17. 〈매일경제〉

고속철 경주도심 통과 반대 급속 확산

경주의 불국사와 석굴암이 팔만대장경, 종묘와 함께 유네스코 세계유산위원회 총회에서 세계문화유산으로 등록되면서 고속철도 경주 도심 통과 반대 주장이 크게 확산되고 있다. 이런 기운은 12월 8일 48개 시민단체가 공동성명을 냄으로써 표면화됐다. ──── 건교부로서는 아직까지 특별한 입장 변화가 없다고 밝히고 있다. 그렇지만 이번의 세계문화유산 등록과 시민단체의 공동성명으로 말미암아 고속철도의 경주 도심 통과 입장을 마냥 고수하기는 어려울 것으로 걱정하는 눈치가 역력하다.

– 1995.12.12. 〈한겨레신문〉

"고속철 대구구간 지상화 반대" 대구 7개 구의회 22일 궐기대회

대구 시내 7개구 의회 의장들은 기초의회 의원 전원이 참석한 가운데 오는 22일 대구역 앞 광장에서 경부고속철도 지상화 반대 궐기대회를 갖기로 결의하고 대회 후에는 1백만 명 서명운동에 들어가기로 했다.

– 1993. 9.19. 〈동아일보〉

공사비 눈덩이 '애물' 전락 고속철 경제성 의문 강행 땐 빚더미

경부고속철도가 국가적인 애물단지로 전락했다. 공사비가 눈덩이처럼 불어나 원래 계획대로 강행할 경우 개통 이후에는 대규모 적자로 진통을 겪을 게 뻔하고 그렇다고 이미 시작한 사업을 중단하는 것도 쉽지 않기 때문이다. 우선 사업비와 공기에 대한 교통개발연구원의 수정안은 경부고속철 사업의 타당성 자체에 의문을 불러일으킨다. 18조 원이면 서울에서 부산까지 4차선 고속도로 4개를 건설하고, 지금과 같은 경부선 철도를 4개 놓고도 남는 막대한 돈이다. 경부고속철이 아무리 수송력을 늘려준다 해도 기회비용을 따져보면 타당성이 떨어지는 사업인 셈이다.

– 1997. 6. 12. 〈한겨레신문〉

몇 개의 신문기사만 인용해도 고속철도 건설 초기에 크고 작은 반대와 비판이 얼마나 많았는지 알 수 있다. 반대 논리는 님비 현상, 자연 훼손, 역사 유적지 훼손 등이 주류를 이루었고, 더 좋은 대안을 제시하기 위한 반대도 있었다. 이러한 반대들은 고속철도 자체를 반대한 것은 아니었지만 일부에서는 정확한 자료와 숫자를 바탕으로 타당성에 의문을 제기했다. 반대의 핵심 논리는 "그 많은 돈을 들여 고속철도를 건설하려는 목적이 무엇인가?"라는 것이었다. 2시간 더 빨리가기 위해 20조 원에 가까운 돈을 쏟아 붓는 것이 올바른 정책이냐는 비판이었다.

그 논리가 당시로서는 일면 타당했을지라도 되돌아보면 그때 고속철 건설을 중단했다면 우리나라 경제성장과 국가 발전은 훨씬 느려졌을 것이다. 1959년 일본이 세계 최초로 신칸센 건설을 시작했을 때 단지 서너 시간을 더 빨리 가려는 목적으로 대역사를 시작했을까? 그것이 고속철의 유일한 목적이었다면 어찌 반대가 없었을까? 그러나 신칸센을 완공함으로써 일본은 2차 세계대전 이후 20년 만에 일본의 재기를 전 세계에 보여주었으며, 신칸센은 곧 일본의 중요한 상징으로 자리매김했다. 일본이 그때 신칸센을 건설하지 않았다면 기술대국,

경제대국으로 올라서는 데 더 오랜 세월이 걸렸을 것이다.

　프랑스도 마찬가지이다. 영토 대국이 아닌 프랑스에게 우리나라처럼 2시간 혹은 3시간 빨리 가기 위해 엄청난 돈을 투입할 필요가 있느냐는 반대에 부딪쳤을 것이다. 그 논리에 굴복해 프랑스가 테제베의 시동을 걸지 않았다면 프랑스의 국력은 오늘날과 같지 않았을 것이다. 테제베가 있기에 '예술의 나라'에 덧붙여 '첨단 과학기술의 나라'라는 위상도 동시에 지니게 된 것이다.

▌ 무조건적 반대가 아닌 상생을 위한 반대를

　물론 고속철도가 국가의 위상만을 높이기 위해 건설되는 것은 아니다. 한국의 KTX는 전국 1일 생활권 나아가 반나절 생활권을 실현하여 국민통합을 이루고, 경제성장에 이바지하며, 지역균형 발전의 토대가 되고, 환경보호에도 일익을 담당한다. 또한 첨단기술의 개발과 보유로 미래의 다양한 산업을 이끌 수 있으며 세계 여러 나라에 이 기술을 수출하여 국부를 창출한다. 1석 5조를 넘어 1석 10조까지 갈 수 있는 자랑스러운 대한민국의 상징인 것이다.

　1941년 12월 7일 일본은 진주만을 기습적으로 공격해 태평양전쟁을 일으켰다. 다음날 루스벨트 대통령은 대일 선전포고 성명을 발표했고 '전쟁참가법'이 상원에서 만장일치로 통과되었다. 유럽과 아시아에서의 전쟁에 직접 관여하지 않던 미국을 공격한 일본에 대항하기 위한 이 조치는 미국인들에게 분명 정당한 것이었다. 그러나 국민의 예상과 달리 하원에서는 만장일치로 통과되지 못했다. 388:1로 대일 선전포고가 이루어졌으나 놀랍게도 한 표의 반대표가 나왔다. 그 주인공은 지넷 P. 랜킨이라는 미국 의회의 첫 여성의원이었다. 그녀는 "전쟁에 찬성하는 표를 던질 수는 없다"라는 말과 함께 "민주주의는 만장일치가 있어서는 안 되는 정치제도"라는 명언도 남겼다. 조국이 침략을 받는 상황에서 반대표를 던진 그녀에게 얼마나 많은 비난이 쏟아졌을지는 능히 짐작할 수 있다. 그러나 아이러니하게도 미국 국회의사당 입구에는 그녀의 동상이 (사후에) 세워졌다.

건설적인 사회를 위해서 반대와 비판은 분명 필요하다. 맹목적이거나 반대를 위한 반대가 아닌 긍정적 발전을 위한 반대, 대안을 제시하는 반대, 상생을 위한 반대일 때 모든 사람에게 효율성과 행복을 안겨준다. KTX가 태동했을 때 일부 반대가 있었던 것은 사실이지만 국민의 헌신과 화합으로 우리는 전 세계적인 위상을 갖는 자랑스러운 고속철도를 갖게 되었다. 이제 KTX가 한국을 넘어 전 세계로 뻗어나가게 할 소중한 책임이 우리 앞에 주어졌다. 이 소중한 책임에도 반대가 없어서는 안 되지만, 후손을 위해 이 책임을 우리가 완수하는 것은 긍지와 보람의 열매가 될 것이다.

제3부

KTX로 인해
나타나는 변화들

05

테노치티틀란과
오송역

베르날 디아스 델 카스티요Bernal Díaz del Castillo는 에스파냐 군인으로, 악명 높은 스페인 정복자 코르테스Hernán Cortés를 따라 1519년 11월 라틴 아메리카로 건너갔다. 거기서 놀라운 광경을 목격한 그는 그것을 일기에 기록했다.

> 그토록 경이적인 광경을 뚫어져라 바라보면서 우리는 (중략) 우리 앞에 나타난 것이 실제인지 환상인지도 몰랐다. 맞은편에 있는 땅에 거대한 도시가 갑자기 나타났기 때문이었다.

베르날 디아스가 본 거대 도시는 멕시코의 테노치티틀란Tenochtitlán이었다. 16세기 초 인구가 20만 명에 달할 정도로 대도시였으나 2006년 이 도시의 인구는 5천 명이 겨우 넘었고, 지금 테노치티틀란이라는 도시는 존재하지 않는다. 도시 멸망의 대표적 사례이다. 이러한 사례는 적지 않다. 기원전 1900년 무렵, 메소포타미아의 권력은 바빌론으로 옮겨갔다. 이후 1,500년 동안 바빌론은 세상에서 가장 큰 도시이자 이전에는 세계 어느 곳에서도 볼 수 없었던 도시 문화의 인큐베이터 역할을 하는 중심지였다. 그러나 바빌론 역시 지금은 도시로 존재하지 않는다.

삼국시대에 백제의 수도(475~538년)로 찬란한 문화를 꽃피웠던 공주는 한때 충청남도의 도청소재지이자 중심도시로 많은 역할을 수행했다. 그러나 1945년 해방 이후부터 공주의 발전은 더디게 진행되었다. 여러 가지 이유가 있지만 일제가 건설한 경부철도가 큰 영향을 끼쳤다. 일제는 1905년 경부선 철도를 놓으면서 공주에 기차역을 세우려 했으나 공주 유림들의 결사반대로 노선을 수정할 수밖에 없었다. 대안으로 선택된 곳이 '한밭마을', 오늘날의 대전이다. 1904년 대전의 인구는 188명이었고 1911년 공주의 인구는 7,174명이었다. 그러나 오늘날 대전 인구는 148만 명이 넘는 반면 공주는 12만 8천 명이다. 만약 역사를 거슬러 올라가 공주에 기차역이 세워졌다면 현재 대전과 공주의 모습은 완전히 바뀌었을 것이다.

도시는 태어나고, 성장하고, 사라진다. 고대 도시 테노치티틀란과 바빌론은 침략으로 인해 사라진 대표 도시들이다. 우리나라의 대전과 공주는 철도역으로 인해 운명이 뒤바뀐 대표적 도시이다. 전라북도 익산시의 옛 지명은 이리裡里이다. 1977년 철도역 폭발 사고로 유명해진 이리는 1931년까지 존재하지 않았던 지명이었다. 호남선과 전라선이 교차하는 기차역이 들어서면서 주변 읍과 면을 제치고 엄청난 발전을 이룩했다. 만약 두 기차선의 교차역이 완주, 김제, 공덕 중 하나로 결정되었다면 오늘날 익산의 모습 역시 지금과 완전히 달랐을 것이다.

기차역으로 인해 운명이 달라진 도시가 또 있을까? 충청북도 오송이 있다. 오송이라는 지명은 불과 10년 전만 해도 우리나라 대부분의 국민들에게 낯선 이름이었다. 그러나 경부고속철 정차역이 되고 인근에 다양한 산업단지가 들어서며 세종시와 연계되어 발전 가능성이 가장 높은 곳 중의 하나가 되었다. 나아가 오송은 경부고속철과 호남고속철이 교차하는 유일한 곳이기도 하다.

국내 유일 KTX 분기역 오송

2015년 4월 호남고속철 개통을 맞아 국내 유일의 고속철도 분기역인 KTX 오송역의 역할과 위상이 한층 공고해질 것으로 보인다. 호남고속철이 개통되면 오송은 국가철도망 X축의 핵심 지역으로 부상한다. 유일한 KTX 환승역인 오송을 중심으로 전국이 반나절 생활권으로 묶이게 되는 것. 2014년 기준 연간 291만 명인 오송역 이용객은 호남고속철이 개통되면 연간 400만 명 시대가 열릴 것으로 내다보고 있다. 호남고속철 개통을 비롯해 2016년 완공될 철도종합시험선로, 또 철도완성차시험시설과 더불어 오송에 철도 관련 기업체를 집중 유치해 오송을 명실상부한 신수도권의 교통·물류 중심지로 육성할 계획이다.

– 〈노컷뉴스〉 2015년 2월 17일

20년 전, 대다수가 예측하지 못했던 KTX 효과가 얼마나 크고, 미래 지향적인지 잘 알 수 있는 사례들이다.

▌KTX는 어떻게 도시를 바꿀까?

제2차 국가철도망 계획(2011~2020)이 완성되면 전국은 90분 생활권이 된다. 1시간에 230km 이상의 속도로 달리는 고속철도의 연장이 현재 1,009.6km에서 2020년에는 2,362.4km로 늘어나며, 이를 통해 90분대 고속철도 서비스 범위가 인구의 60%에서 80%로, 2시간대 범위가 인구의 74%에서 96%로 확대된다. 철도의 수송 분담률도 여객은 15.9%에서 27.3%로, 화물은 8%에서 18.5%로 늘어나 바야흐로 본격적인 고속철도 시대가 된다. 철도가 도시의 모습은 물론 우리나라 국민의 삶 전체 모습을 바꾸는 것이다.

고속철도망은 단순한 거리의 확대에 그치지 않고 이를 토대로 지역 경제를 선도할 수 있는 KTX경제권을 구축한다. KTX경제권은 "고속철도역을 중심으로 특성화 개발을 통해 교통 및 경제 거점기능을 촉진하여 전국을 하나의 도시"처럼 만드는 것이다. 이는 초광역개발권, 광역경제권, 기초생활권 등의 권역 구분에 비해 고속철도망이라는 분명한 실체를 기초로 고안된다는 점에서 차별성을 갖는다. 즉 지역 간 접근성을 획기적으로 높일 수 있는 접점으로부터 경제권 구상이 시작된다.

고속철도망의 건설이 KTX경제권으로 이어지기 위한 첫걸음은 KTX역에 있다. 과연 고속철도망 건설이 단순한 거대 토목사업이 아니라 지역경제 발전의 주춧돌이 되려면 KTX역은 어떻게 건설되어야 할까? 또 역 공간은 어떠한 기능들로 구성되어야 할까? 이를 우리나라의 대표적인 KTX 정차역을 대상으로 살펴보자.

● 대전역

KTX대전역의 역세권 개발은 크게 역세권과 광역권으로 구분된다. 먼저 제1단계 역세권은 철도산업지구 및 컨벤션산업에 초점을 맞춘다. 즉 국토의 중심이라는 특성을 살려 수도권, 영남권, 호남권 등 각 권역별 컨벤션 수요를 유도하며, 철도교통의 중심부에 있다는 지리적 특성을 활용해 철도산업 특구로 개발할 계획이다. 또 대덕연구단지라

대전역의 공간 구성

도심복합지구		복합환승센터		전략시설지구		
주거/상업 지구	교육/문화 지구	KTX 복합역사	도시교통 환승센터	오픈 캠퍼스	컨벤션센터	철도산업 특화지구
• 도심형 주거 • 숙박시설 • 근생시설 • 업무시설 • 백화점 및 쇼핑몰	• 교육시설 • 문화센터 • 복지시설 • 공연장	• KTX • 일반철도 • 고속버스 및 시외 버스	• 도시철도 • BRT • 대중교통 전용지구 • 시내버스 • 택시	• 10여개 대학 공용 시설	• 박람회 • 전시회 • 회의 • 단체모임 • 문화공연 장	• 철도부분 HQ • 철도R&D 센터 • 고속철도 박물관 • 각종 철도 관련 시설

는 이미지를 활용하여 과학기술 R&D 중심의 컨벤션 기능도 도입한다. 제2단계에서는 역세권뿐만 아니라 충청광역권 특성까지 포함한다. 엑스포과학공원, 유성온천 등 도심관광의 거점 체계를 구축하고 문화예술, 공연 등 중점 관리지역 구축을 골자로, 중심업무 지역에 오피스빌딩, 컨벤션센터, 숙박시설 등을 집적해 One-stop working이 가능하도록 기능을 배치한다.

● 동대구역

대전과 마찬가지로 동대구역 역시 2단계 개발전략을 구상하고 있다. 제1단계는 약 48만 9천㎡의 면적에 복합역사, 광역 환승센터와 함께 복합의료센터, 글로벌 디자인센터 등을 건립하는 것이다. 제2단계에서는 162만㎡의 면적에 학교, 공동주택, 주거, 상업지구, 업무지구 등을 개발한다.

동대구역 복합환승센터는 2016년 말에 준공되었다. 동대구역 남쪽에 연면적 29만 6천㎡로 개발될 이 사업에는 여객버스터미널 환승시설과 대형 판매시설 등 지원시설이 지하 7층, 지상 9층 규모로 건설되었다. 환승지원시설에는 백화점 등의 판매시설, 업무지원시설, 주차장 등이 있으며, 영화관, 문화센터, 대형서점 등이 있는 문화교육시설, 그리고 한방의료센터, 키즈테마파크, 푸드테마파크, 패밀리 엔터테인먼트 등의 기능을 갖춘 테마·엔터테인먼트 시설 등이 들어섰다.

● 부산역

　KTX 부산역은 다른 역사시설과 차별화될 수 있게끔 외국인에 특화된 공간을 적극 포함시켰다. 먼저 대규모 면세구역, 외국문화구역 등을 마련하며, 국제기업이나 금융비즈니스 등을 유치할 계획이다. 역 내에는 외국인 특화공간을 위한 각종 프로그램이 운영되며, 상업, 비즈니스 등 복합기능이 구축된다. 2단계에서는 부산역과 북항 정비지구 등 역 외부를 정비하면서, 주거, 상업, 비즈니스 등의 다양한 시설이 들어서며, 3단계에서는 배후산업, 주거, 행정지원, 도시 내 선도산업 등의 기능을 연계교통망을 활용해 배치할 계획이다.

● 오송역

　오송역은 상업·문화시설 35%, 주상복합아파트 25%, 업무·공공시설 12%, 헬스케어 12%, 전시유통시설 7%, 바이오시설 4%, 비즈니스호텔 6% 등으로 공간이 배분된다. 역 반경 1km 이내에 해당되는 직접 역세권은 교류·상업·업무기능 위주로 배분하며, 간접 역세권에는 부도심 기능과 산업단지 기능을 제공한다. 그 외에 관광·레저 및 친환경주거 기능이 포함된다.

　현재 건설되어 있는 오송역은 1층은 출입장과 주차장, 2층은 편의점과 매표소, 역무실, 3층은 환승통로와 승차대기실, 4층은 KTX 승강장 등으로 구성되어 있다.

오송역 역세권 도입시설

구 분		도 입 시 설	면 적	비 율(%)
특화	헬스케어	전문병원	53,376	9.6
		고급 건강관리센터	7,632	1.4
		메디컬스파	5,776	1.0
	바이오	안티에이징센터	20,000	3.6
		의학유전학센터, 유전자 복제센터	3,300	0.6
필수	숙박	호텔	29,483	5.3
	상업	복합쇼핑몰	31,530	5.7
		백화점	74,489	13.4
		대형할인점	46,356	8.4
		주상복합상가	34,425	6.2
	문화	바이오/의약박물관, 다목적 공연장	6,176	1.1
	전시	전시장, 회의장	37,111	6.7
	업무	오피스, 오피스텔	52,793	9.5
	공공	공공청사, 사회복지센터	14,499	2.6
	주거	주상복합	137,700	24.8
합 계			554,646	100

● 신경주역

경주시 건천읍에 위치한 KTX 신경주역은 지역 종합개발사업이 이미 진행 중에 있다. 141만㎡의 면적에 문화, 관광, 상업, 업무, 특화시설, 주거, 복합환승센터, 양성자 관련 산업시설 및 유통, 물류 등의 기능을 포함한다.

나아가 디자인존Design Zone, Ever County, 첨단문화콘텐츠단지, 인프라단지, 양성자산업·연구클러스트 등을 핵심 기능으로 포함하면 신경주역만의 특성을 지닐 수 있다. 디자인존은 지식집약형 문화산업과 지역문화콘텐츠 산업의 지원공간이 포함된다. Ever County는 55세 이상 인구 중 재정적 능력을 갖추고 웰빙에 관심이 많은 부가가치 세대가 이끄는 3세대 중심의 신도시를 뜻한다. 이들 세대의 니즈를 반영한 의료, 법률, 행정, 경영, 여가, 자산관리, 노후설계자문 등의 서비스가 제공된다. 첨단문화콘텐츠단지는 지역문화에 기반을 둔 디지털콘텐츠 산업의 육성, 문화정책 홍보 및 지역민 대상 문화교육지원지구 설립과 운영을 맡는다. 인프라단지는 고품질의 교육시설, 대학과 연계한 산학연 클러스터 등이 포함되며, 양성자 산업·연구클러스터는 양성자 기술을 이끄는 첨단산업단지, 의료센터, 관련 연구기관 및 전문교육기관으로 구성된다.

● 울산역

울산역 역시 역세권 개발과 복합환승센터 사업을 시행하고 있다. 역세권 개발은 서부권 중심기능(의료, 문화, 업무, 복합용지, 주거), 역세권 지원기능(복합환승센터, 상업업무 등), 역세권 특화기능(컨벤션, 전시·문화, 백화점, 호텔) 등을 포함한다. 복합환승센터사업은 역 동쪽에 위치하며 환승시설과 업무, 판매, 문화, 숙박 등의 시설이 마련된다.

울산역의 지역특성화 전략으로는 반구대 암각화 등을 활용한 관광을 비롯해, 산업 및 자동차도시의 특성을 반영하는 자동차/산업전시관 건립, 유동인구의 쇼핑과 지역경제 활성화를 위한 아울렛 등 쇼핑 기능이 필요하다. 또한 울산과 인근 도시의 기존 산업과 연계한 서비스·첨단산업을 유치하는 것이 필요하다.

● 김천(구미)역

현재의 김천역은 지하 1층에는 기계실, 지상 1층에는 콘코스, 대합실, 매표소, 역무시설, 전기실, 2층에는 역무시설, 지원시설이 있고, 3층에는 승강장과 지원시설이 있다. 이에 비해 KTX 김천(구미)역은 공공기관이 이전하는 혁신도시(경북드림밸리) 계획이 이미 추진 중에 있다. 따라서 이전이 결정된 공공기관 외에 산학연 관련 기관을 유치해야 하며, 환승과 환적을 편리하게 하는 시설의 확충에 초점을 맞추어야 한다.

● 공주역

KTX 공주역세권은 크게 첨단문화, 전통문화, 웰빙문화, 호국문화의 4개로 분류된다. 첨단문화단지에는 문구·완구 제조업체 중심의 캐릭터산업단지, 테마거리 조성 등 문화관광시설, 캐릭터쇼핑몰, F&B 등 상업시설이 들어설 전망이다. 전통문화단지는 주거단지와 숙박단지로 구분된다. 주거단지에는 한옥마을과 친환경 주거단지가, 숙박단지에는 수학여행 및 기업연수를 위한 숙박시설이 들어서고, 지역문화행사 공간인 Edu Zone도 계획되어 있다. 농식품 가공단지인 웰빙문화단지에는 천연 비타민 제조업체가 있는 비타존Vita Zone, 천연 가공식품 제조업체가 중심이 될 N-Food Zone 등이 위치한다. 호국문화단지에서는 훈련병 및 면회객을 대상으로 한 숙박 및 편의시설, 병영체험 프로그램 등이 제공된다.

공주는 특히 군 관련 산업으로 차별화될 가능성이 높다. 예컨대 '국제 밀리터리 산업전'과 같은 행사를 열어 국제적 명성을 획득하는 방법도 고려해야 한다. 뿐만 아니라 공주의 문화적 가치를 역세권 공간에 구현하기 위한 상징적 프로젝트도 필요하다. 예술가 스튜디오단지나 전문가마을을 조성하고 예술문화학교를 세우는 것 또한 좋은 방안이 될 것이다.

● 익산(정읍)역

익산역세권은 복합환승시설과 주거, 업무, 상업, 문화, 숙박시설 등으로 계획되어 있다. 주거시설은 아파트와 주상복합으로, 업무시설은 공공업무와 민간업무, 컨벤션센터, 오피스텔 등이 포함된다. 공공업무는 익산시청의 일부 이전이 포함되며, 컨벤션센터는 회의장 1,000평과 전시장 1,500평으로 구성될 전망이다. 상업시설은 쇼핑몰, 테마상가, 교육, 클리닉, 스포츠센터, 영화관이 들어서며, 문화시설은 기업홍보관과 청소년문화시설이 설치된다. 숙박시설은 1,300평의 비즈니스호텔로 계획되어 있다.

익산역은 특화된 경제활동보다는 다양한 상권이 기능할 수 있는 방안을 모색해야 한다. 예컨대 '중소상공인특구'를 지정해 중소기업청, 금융기관 등의 입주를 도모하는 것이 적합하다. 또한 익산역의 역사

歷史를 바탕으로 도시상징물을 건립하거나 도심축제, 이벤트를 개최해 상징성을 높여야 한다. 지역의 교통거점으로서 잠재력을 잘 활용하기 위해 컨벤션센터, 만남의 공간 등의 확충이 필요하다.

● 광주송정역

광주역은 주변 산업단지와 연계를 통한 지역산업 육성에 초점을 맞추고 있다. 평동산업단지, 금호타이어공장 등이 있으며, 광역적으로는 R&D특구, 하남산업단지, 빛그린산업단지 등과 연계가 가능하다. 이에 첨단산업지원센터 등을 유치해 지역산업의 생산·연구의 메카로 활용할 계획이다. 특히 아파트형공장, 벤처밸리, 도심비즈니스센터, 중심업무 육성지구, 창업보육센터, 컨벤션센터 등 도심 산업단지의 기능을 높일 수 있는 시설이 도입되어야 한다.

● 목포역

목포역의 주요 기능은 역사·문화, 상업, 교통, 관광, 주거 등이다. 역사·문화기능은 주변의 관광자원을 엮어주는 핵심 공간으로 역광장을 조성하고 유달산, 삼학도 등을 연결할 계획이다. 상업기능은 젊음의 거리, 차없는 거리 등의 테마를 부여하고 리노베이션을 유도할 전망이다. 관광기능을 높이기 위해 역 내에 관광센터를 설치하고, 특산물홍보관을 운영하는 것도 필요하다.

▎ 지역과 전국이 긴밀하게 연계되어야

KTX역은 서울, 부산, 동대구 등 일부는 완공되어 운영되고 있으며 일부는 현재 건설 중이다. 추후 KTX 네트워크가 확장되면 더 많은 역이 새롭게 탄생할 것이다. 현재 운영 중인 KTX역은 누구나 쉽게 다가갈 수 있는 장점을 지역경제에 활용하기 위해 다양한 노력을 하고 있다. 동시에 다른 지역과 차별화된 개발 콘셉트를 찾기 위해 지혜를 모으고 있다. 그러나 문제점이 없는 것은 아니다.

첫째, KTX경제권을 위한 역의 구성과 개발 콘셉트의 분명한 가이드라인이 존재하지 않는다. 지역마다 차별화된 특성화전략이 있어야 하고, KTX경제를 유도하기 위한 적극적 노력이 필요하며, 세부 사례에서 이를 뒷받침할 구체적 지침이 필요하다.

둘째, KTX경제권을 구축하기 위한 개발계획의 범위가 분명하지 않다. KTX경제권의 물리적 실체는 KTX 정차역이 있는 건물에만 국한될 수 있으며, 인근의 몇몇 건물들을 포함할 수도 있고, 지리적으로 더 넓어질 수도 있다. 범위에 따라 구성과 개발계획의 전략은 달라진다. 특히 지구 단위의 개발 콘셉트를 구체화하는 것보다 역 건물에 추가적으로 어떠한 기능을 우선 담을지 고민해야 한다.

셋째, KTX경제권이 각각의 특성을 갖기 위해서는 지역의 경제·산업 기반, 역사·문화 전통, 지리적 위치 등을 감안해 해당 지역에서 경제권 구상을 주관해야 한다. 그러나 가이드라인이 마련되지 않은 채 세부 계획까지 외부에서 주도하면 하향식 정책이 나타날 수 있다. 따라서 KTX역의 개발은 중앙정부가 마련한 가이드라인에 준해 각 지역이 세부 사항을 만들어가야 한다.

KTX경제권 구축을 위해 전국에 건설되는 KTX역에 가이드라인이 제공된다면 어떠한 내용을 포함해야 할까? 물론 승하차, 대기, 환승, 매표, 역무 등 기본 사항은 포함된다. 우선 KTX역을 전국의 인구와 경제활동이 지역에서 만나는 접점 그리고 지역 인구와 경제활동이 전국에서 만나는 접점으로 인식해야 한다. 전자의 경우 제공되는 재화/서비스는 전국 수준이며, 소비자는 지역의 인구와 경제활동이다. 후자의 경우 제공되는 재화/서비스는 지역 수준이며, 소비자는 전국의 인구와 경제활동이다. 그 외에도 전국의 소비자가 전국적 수준의 재화/서비스와 만나고, 지역 소비자가 지역적 수준의 재화/서비스와 만나는 경우도 있다. 그러나 전국 각지에서 온 소비자들이 다른 곳에서 동일하게 구할 수 있는 전국적 수준의 재화/서비스를 굳이 특정 지역의 KTX역에서 소비하려 하지는 않을 것이다. 지역의 소비자도 마찬가지로 지역적 수준의 재화/서비스를 다른 KTX역에서 이용하지는 않을 것이다.

결국 주요 광역경제권마다 세워지는 KTX역은 전국의 소비자가 지역 수준의 재화/서비스를 만나는 기회, 그리고 지역 소비자가 전국 수준의 재화/서비스를 만날 수 있는 차원에서 이루어져야 한다.

이 2가지 접점 하에 계획될 수 있는 공간은 제조업(지식기반산업), 소매업, 서비스업 등 주요 기능별로 구분할 수 있다. 먼저 지역의 제조업과 지식기반산업 사업자들을 도울 수 있는 전국 수준의 재화·서비

구 분	전국 수준의 재화/서비스	지역 수준의 재화/서비스
전국 소비자	다른 곳에서도 가능한 재화/서비스를 꼭 특정 지역의 KTX 역에서 소비하지는 않을 것 **→ KTX역 공간으로 부적합**	전국 각지에서 온 소비자들이 이 지역에서 특별히 제공될 수 있는 재화/서비스를 소비할 수 있는 기회 제공 **→ KTX역 공간으로 적합**
지역 소비자	지역에 있는 소비자가 전국적 혹은 세계적 수준의 재화/서비스를 소비할 수 있는 기회 제공 **→ KTX역 공간으로 적합**	지역 내 다른 곳에서도 소비할 수 있는 재화/서비스를 꼭 KTX역에서 소비하려는 유인은 적을 것 **→ KTX역 공간으로 부적합**

스로서 법률, 회계, 마케팅, 컨설팅, 금융·투자 등의 생산자 서비스를 들 수 있다. 각 광역권 내 KTX역에 가장 수준 높은 서비스를 제공하는 생산자 서비스업이 자리를 잡으면 지역 내 중견기업들의 비즈니스가 더욱 원활해진다. 또한 KTX역에서 별도로 환승할 필요가 없다면 원거리 이동의 부담이 크게 줄어 대도시의 생산자 서비스업 종사 인력들의 이동성도 늘어난다. 특히 대도시에 밀집되어 있는 금융·투자 기능이 KTX역 거점으로 자리 잡음으로써 지역 내 업체들은 보다 저리의 자금을 손쉽게 확보할 기회를 얻을 수 있다.

전국 유통망을 가진 백화점이나 대형마트, 아울렛 역시 KTX역의 핵심 기능이다. 소비자는 굳이 대도시를 가지 않아도 동일한 상품을 구입할 수 있다. 이는 지역 내 소비자의 상품 선택폭을 넓히고 도시화된 지역으로부터의 역 인구 이동을 촉진하는 결과도 가져온다. 소비 측면에서 대도시와 비非 대도시와의 차이가 감소하기 때문이다. 일본 신칸센의 나고야, 교토, 사쿠다라이, 카루이자와 등의 역에 백화점을 비롯한 대규모 상업시설이 들어선 것도 같은 맥락이다. 지역의 전통 상권을 무너뜨린다는 우려도 있으나 지역상권의 '전통성' 덕분에 다른 지역으로의 인구유출을 막는다는 점에서 오히려 KTX역의 핵심 기능으로 포함시켜야 한다.

교육, 의료서비스 역시 KTX역을 통해 제공될 수 있는 핵심 기능 중 하나다. 교육서비스는 EBS방송 스튜디오처럼 공교육이 될 수 있으며, 중고등학생의 학습, 성인 영어, 자격증 학원 등의 사교육이 될 수도 있다. 유명 의과대학이나 병원의 지점도 같은 맥락에서 유치될 수 있다. 생산자 서비스업과 마찬가지로 서비스를 제공하는 입장에서는 KTX역에서 다시 환승해 소비자를 만나는 것보다 90~120분 이내에 도달할 수 있는 KTX역 자체가 매장이 되는 것이 훨씬 편리하다.

전국적 · 세계적 수준의 공연, 전시, 행사는 대부분 대도시에서만 열린다. 하지만 KTX역에 충분한 공간이 마련된다면 문화 향유의 기회가 높아질 것이다. 공연업체는 추가 이윤의 기회가 생기고 지역 주민들은 높은 문화상품을 소비할 수 있다. 예컨대 영국 워털루역과 일본 교토역에서는 오케스트라 공연이 열린다. 문화공연은 주민들의 삶의 질을 높여주고 다른 지역으로부터 인구를 끌어들일 수 있다.

한편 KTX네트워크는 지역 소비자가 전국 수준의 재화/서비스를 이용할 수 있는 기회일 뿐만 아니라 전국 소비자가 지역만의 독특한 재화/서비스를 경험할 수 있는 기회를 준다. 우선 제조업과 지식기반산업은 지역 내 기업과 대학의 연구기능을 KTX역에 입지시킬 필요가 있다. 연구의 원활한 진행을 위해 대도시와 연계시키고, 역의 여유 공간에 전시·홍보관을 세워 전국 각지의 바이어를 방문하게 할 수 있다. 지역 청년들이 굳이 대도시로 이주하지 않아도 신규 아이디어를 발굴하고 사업화할 수 있는 기회 역시 제공하기 때문이다.

회의장이나 컨벤션, 대형 물류창고는 지역/전국 소비자와 무관하게 KTX 이용객들 간의 상호작용과 교류를 촉진한다는 점에서 충분한 규모로 마련되는 것이 좋다. KTX역 회의실은 2005년에 비해 2008년 8배가 증가하였으며, 회의 개최 건수는 54배 증가했고, 이용인원은 76배나 늘어났다. 이 수치는 앞으로도 계속 증가할 것이다. 'KTX특송' 역시 새로운 물류서비스로 자리를 잡았다. KTX의 빠른 이동성을 바탕으로 지역상품이 전국으로 손쉽게 유통되기 위해서 각 역마다 물류 기능을 충분히 갖추어야 한다.

전국 및 세계적 수준의 재화/서비스가 대도시가 아닌 지역의 KTX 역에서 공급되기 위해서는 중앙정부 및 철도공사의 각별한 노력이 필요하다. 또한 전국 각지에서 오는 방문객들이 만족할 수 있는 수준으로 지역의 재화/서비스가 제공되기 위해서는 지방정부가 지역기업이나 대학 등과 협력해야 한다. 회의장, 컨벤션, 대형 물류창고 등의 기본 기능을 가능한 많이, 저렴하게 제공함으로써 상호교류의 기회로 이끌어야 한다. KTX역이 단순히 KTX를 이용하는 교통시설이 아니라 지역경제를 주도하는 핵심 시설이 되도록 노력해야 할 것이다.

전 국토에 촘촘한 고속철도 네트워크가 구축되면, 일부의 우려처

KTX역 내 핵심 기능

구 분	지역 소비자 – 전국 수준의 재화/서비스	전국 소비자 – 지역 수준의 재화/서비스
제조업 (지식기반산업)	생산자서비스 (법률, 회계, 마케팅, 컨설팅, 금융 · 투자 등)	지역 기업과 대학의 핵심연구소 (시제품 시연 및 계약) 지역 청년들의 창업 인큐베이터
소매	백화점, 대형마트, 아울렛	지역 특산품 판매
서비스	고등교육기관 고급의료서비스 행정서비스	지역 대표맛집 지역 관광연계(관광지, 숙소 등) 비즈니스호텔
기타	전국적 · 세계적 수준의 공연 · 전시 · 행사	지역의 독특한 공연 · 전시 · 행사 (축제와 연관)
공통	회의장, 컨벤션, 대형 물류창고	

럼 인구와 경제활동이 쉽게 대도시로 유출되는 빨대효과가 일어날 수도 있다. 그러나 지난 10년의 분석 결과 빨대효과는 일어나지 않았으며, 오히려 지역경제를 발전시키는 데 큰 역할을 한 것으로 나타났다. 분명 KTX역은 전국 각지에서 온 방문객들에게 지역의 상품/서비스를 제공한다. 나아가 지역 주민들이 전국 혹은 세계적 수준의 상품/서비스를 소비할 수 있는 기회도 제공한다. 이 점에서 KTX역은 지역경제의 구심점이 된다. 관건은 그 상호작용의 접점이 될 KTX역을 어떻게 계획하고 운영하느냐에 달려 있다. KTX역이 양질의 핵심 기능들을 충분하게, 그리고 저렴하게 공급한다면 KTX역은 국가경제와 지역경제가 동반 성장하는 데 디딤돌이 될 것이다.

06

사막 위에 세운 도시를
능가할 수 있다

1700년대 라스베이거스Las Vegas를 처음으로 발견한 에스파냐인들이 붙인 이름은 '초원'이었다. 굴곡 많은 과정을 거쳐 차츰 마을이 형성되었으나 19세기 말까지는 소규모의 광업과 축산업으로 살아가는 작은 고을에 불과했다. 1905년 캘리포니아와 솔크레이크시티를 잇는 철도가 들어서면서 현대적인 도시로 변모했지만 여전히 미국의 작은 도시일 뿐이었다. 그곳의 운명이 바뀐 것은 1936년 세계에서 가장 큰 후버댐 공사가 시작되면서부터였다. 수많은 기술자들과 노동자들, 관리자들이 그곳으로 몰려들었고 그들을 상대로 하는 수많은 상점과 모텔, 주거지가 뻗어나가기 시작했다. 각양각색의 사람들이 미국과 세계 각지에서 몰려든 이유는 그곳에 '돈'이 있기 때문이었다. 돈은 곧 도박장의 개설로 이어졌고, 도박장은 나날이 번창했다.

라스베이거스는 세계에서 가장 큰 도박과 환락, 관광의 도시이다.

광대한 사막과 초원 위에 세워진 이 도시는 초호화판 도박장과 호텔이 즐비하며, 유명 전자기업의 첨단제품 시연회와 발표회, 박람회가 열린다. 아무것도 없었던 사막을 세계 최대의 도박과 관광의 도시, 첨단 전자제품 시연의 도시로 만든 계기는 무엇일까? 바로 철도와 후버댐이다. 만약 이 둘이 없었다면 라스베이거스는 작은 중소도시에 머물렀을 것이다. 이른바 '철도 경제권'과 '후버댐 경제권'의 살아 있는 증표이다.

현대 한국에서 이러한 증표는 어디에서 찾을 수 있을까? 바로 KTX다. 2004년 KTX가 개통하면서 'KTX 역세권'과 'KTX 경제권'은 신조어로서 사람들의 인식을 바꾸어가고 있다. 10년이 갓 넘어섰기에 KTX 경제권이 라스베이거스처럼 세계적인 현상으로 아직 나타나고 있지 않지만 우리나라를 개혁시키는 중요 요소가 될 것임은 분명하다. 이른바 KTX 경제권은 KTX 네트워크를 활용하여 이루어지는 경제활동 공간을 의미하며, KTX 경제권을 기반으로 전국이 하나의 도시처럼 발전할 수 있는 토대가 된다. 즉 "고속철도역을 중심으로 특성화 개발을 통해 교통 및 경제 거점 기능을 촉진하여 전국을 하나의 도시로 발전"시키는 것이 KTX의 목표이다.

▌ KTX 네트워크가 경제를 이끈다

KTX는 근본적으로 기차의 한 종류이다. 사전적 의미로 해석하면

'한국형 고속철도 차량, 즉 Korea Train eXpress'의 약칭이다. 기능적으로 보면 최고속도 350km/h 이상이 가능한 바퀴식 고속철도 차량을 뜻한다. 일반적으로 최고속도 200km/h 이상의 철도면 고속열차로 분류한다. 현재 우리나라에는 2004년 고속철도 개통 시점에 제작된 KTX 차량과 2009년 국내 기술로 만든 KTX산천山川이 전국을 누비고 있다. 그렇다면 '빨리 달리는 열차'가 경제와 어떻게 연관될 수 있을까?

경제권經濟圈은, 경제활동이 이루어지는 공간적 범위를 지칭한다. 영어로는 Economic Bloc이라고 하는데, 통상 몇 나라가 공통된 경제적 목적으로 단결하여 이룬 경제연합을 의미한다. 예컨대 북미자유무역협정NAFTA, 아세안자유무역협정ASEAN Free Trade Agreement, 라틴아메리카자유무역연합Latin American Free Trade Association 등이다. 우리나라에는 광역경제권 개념이 존재하는데 이는 지역 간 연계와 협력을 통해 지역 경쟁력을 높이는 것이 목적이다. 경제산업권과 역사문화적 동질성을 고려해 설정한 권역으로 수도권, 충청권, 호남권, 대경권, 동남권을 5대 광역권으로 분류하고, 인구 100만 규모의 비교적 작고 독립적인 2개의 특별경제권인 강원권과 제주권을 +2로 분류해 '5+2 광역경제권'으로 구분한다. 이처럼 경제권은 국제/국내적으로 다양한 형태의 경제활동이 뚜렷하게 이루어지는 일정 범위, 즉 지리적 공간이다.

KTX 경제는 속도를 기반으로 한 경제활동을 뜻한다. KTX를 이용해 새롭게 만들어지거나 증가된 경제활동으로, KTX의 빠른 속도와 전국 네트워크를 이용하여 부가가치를 생산하는 비즈니스다. 'KTX 특송' 등 신속서비스를 이용하는 지역의 신선상품 판매가 대표적이다.

지역별 명물 KTX특송 확대

전국 각지의 명물을 당일 배송하는 KTX 특송 서비스가 확대되고 있다. 대전 지역 명물인 성심당 빵을 KTX 특송을 이용해 전국에 당일배송한다. 성심당 빵은 그간 신선도 유지를 위해 대전권역으로 배송을 한정해왔다. KTX 특송 서비스는 KTX 내 수화물 적재공간을 활용한 소규모 급송품을 운송하는 서 비스로, 2004년 처음 시작한 뒤 신속·정확·안전한 배송으로 물량이 꾸준 히 늘어 하루 평균 1000건 이상의 물품을 전국으로 배송하고 있다. 코레일 은 "성심당 빵을 시작으로 부산 자갈치시장의 수산물과 어묵, 목포의 낙지 등 신선도를 필요로 하는 지역 명물을 KTX 특송으로 빠르고 편리하게 이용 할 수 있도록 앞으로도 유치해 나가겠다"고 말했다.

– 〈파이낸셜뉴스〉, 2014년 12월 1일

빠른 속도와 쾌적함을 장점으로 하는 KTX경제는 당일 업무를 가 능케 하기 때문에 관광산업 발전에도 크게 기여한다.

포항시·울릉군·철도公 "수도권 관광객 잡자"

포항시가 KTX개통과 연계한 수도권 관광객 유치를 위해 울릉군, 한국철도 공사 서울본부와 관광업무 협약을 체결했다. —— 이강덕 포항시장은 "KTX 개통으로 동해안 관광자원과 함께 한층 넓어진 관광 인프라를 갖게 됐다"며 "수도권과 울릉도를 아우르는 수요자 중심의 관광상품 발굴로 지역 관광객 을 적극 유치하겠다"고 말했다.

– 〈경북도민일보〉, 2015년 2월 25일

울산 강동관광단지 KTX역세권 개발 활기

10년 넘게 끌어왔던 울산시의 강동 해양관광단지 개발사업과 KTX 울산역 역세권 개발이 최근 들어 활기를 띠고 있다.── 울산의 또다른 숙원 사업인 KTX역세권 개발 사업 역시 기지개를 켜고 있다. ── 울산시의 적극적인 해양 관광단지 조성과 KTX역세권 개발 노력이 침체된 지역 경기의 회복을 앞당길 것으로 기대된다.

– 〈연합뉴스TV〉 2015년 2월 10일

KTX를 직접 이용하지 않더라도 고속철 개통 이후 새롭게 경제활동이 나타나고 있다. KTX역이 복합센터로 개량되고 확대되면서 다양한 신규 비즈니스가 탄생한 것이다. 작게는 역 내 회의실, 전시장, 식당, 상가 등 다양한 상업 활동이 늘어났다. 크게는 KTX역으로의 접근성이 좋아져 산업/경제 활동을 지원하는 시설들도 증가했다.

우리나라 경제권역을 5+2로 구분하기도 하지만 KTX 경제권은 특정 지역에 국한되지 않고 KTX 네트워크 전체에서 동시에 나타난다. 2004년 경부선 개통 이후 대전, 부산, 대구 등지에서 KTX경제가 나타났으며 2015년 3월 호남선 개통 이후 익산, 광주 등지에서도 같은 효과가 나타날 것으로 전망된다. 향후 KTX 네트워크가 확대되면 그 범위는 더욱 넓어질 것이다. 경제활동은 주로 KTX역을 중심으로 이뤄지기는 해도 KTX 경제활동이 나타나는 공간은 물리적/지리적으로 구분되기는 어렵다. 일반적으로 경제활동의 영역은 행정적/지리적 제약을 받지 않기 때문이다.

KTX 경제는 KTX의 속도와 역을 중심으로 이루어지고 있다. 따라서 열차의 속도와 철도역의 활용도에 따라 크기와 활성도가 다르다. KTX역을 중심으로 한 경제권역을 역세권이라 칭한다. KTX 역세권은 'KTX가 정차하는 역의 세력이 미치는 권역'이다. 이 권역을 출발지로 하여 각 도시는 재생을 하고 있다.

KTX 따라 들뜨는 부동산시장

대구가 고향인 직장인 A씨(40)는 명절을 맞아 동대구역에 내릴 때면 '상전벽해'를 느낀다. 이 일대는 고가도로가 복잡하게 얽혀 있고 복잡한 대구 내에서도 낙후된 지역이었지만 도시재생사업이 활발히 진행되면서 하루가 다르게 변하고 있기 때문이다. A씨는 "과거에는 동대구역이 있는 동구와 신천동이 대구 지역 집값을 깎아 먹는 곳이었지만 역세권 개발 호재로 지금은 대구에서 가장 주목받는 곳으로 변모했다"고 말했다. —— KTX 역세권 개발이 활발해지면서 역 일대가 상업과 업무지구로 탈바꿈하자 인근 지역 분양시장에도 긍정적인 영향을 미치고 있다. 가장 주목받았던 KTX역은 광명역이다. 신규 아파트는 2542가구였는데 청약자가 2만1126명이나 몰리면서 8.3:1의 경쟁률을 기록했다. KTX 천안아산역 인근도 뜨겁다. 천안아산역이 있는 서북구의 아파트값은 천안 평균보다 4%가량 높다. 천안아산역을 도보로 이용할 수 있는 불당동의 새 아파트는 천안 평균을 훌쩍 뛰어넘는 수준이다.

– 〈매일경제〉, 2015년 2월 11일

KTX역은 각기 다른 특성을 지니고 있기 때문에 획일적인 지역 구분은 무의미하다. 대구 권역과 광주 권역을 비교하면, 대구 권역은 섬유, 패션, 혁신산업, 첨단과학이 특징이며 광주 권역은 문화, 친환경산업, 녹색산업이 활발하다. 또한 배후 도시의 규모, 산업, 토지 이용에 따라 다르게 나타난다. 그러나 2020년이 되면 전국이 90분대로 연결되기 때문에 어느 곳에서든 다른 지역의 경제 특성을 누릴 수 있다.

▌ 역사 확장 또는 복합환승센터 건립

KTX 경제권 개발은 역세권 개발과 비슷하지만 KTX 경제가 역세권 내에서만 이루어지는 것은 아니므로 기존의 역세권 개발보다는 확대된 개념으로 보아야 한다. KTX와 연계된 지역의 경제활동을 파악하고 확대시키기 위한 방안은 KTX 경제의 매우 중요한 요소다. KTX 경제권의 범위는 유동적이며 확대가 가능하다. KTX 경제권을 공간으로 이해하면 물리적인 지역이나 지구(地區)로 해석할 수 있으나 실제로는 가상의 공간으로 보는 것이 바람직하다. 물리적 공간 측면에서는 행정구역이나 지리적 경계처럼 국가에 의해 지정되는 한계가 있기 때문이다. 오히려 경제활동이 일어나는 공간이기 때문에 포괄적 개념으로 해석해야 한다. 행정구역은 역사와 지리(자연)를 감안한 분류로 현대의 경제공간과는 맞지 않는다.

결국 KTX 경제권의 공간적 범위는 확정지을 수 없으므로 포괄적이고도 유동적이다. 넓어질 수도 있고 좁혀질 수도 있는 것이다. 오히려, KTX 경제권의 가치는 행정구역, 자연경계를 넘어서기 때문에 우리나라 경제발전에 매우 중요하다.

KTX 경제권은 지역 특성, 시기적 여건 등을 모두 고려해야 한다. 우선 KTX 경제권 개발은 단계적 접근이 필요하다. 가장 먼저 대량/고속 이동을 이용하는 비즈니스를 개발해야 한다. 이후 이들의 집적을 통한 시너지효과를 기대할 수 있다. KTX역을 중심으로 비즈니스 집적이 이루어지면 도시개발 차원의 접근도 필요하다. 대중교통을 바탕으로 하는 대규모 부동산개발을 통해 KTX역을 지역 거점으로 만들어야 한다. 지역 경제와 산업발전을 지원하는 3차산업 중심의 개발도 필요하다.

KTX 경제권의 형성이 미흡하고, 기본 수요가 부족하다면 장기적 관점에서 개발해야 한다. 우선 KTX역이 활성화될 수 있도록 교통부문이 혁신되어야 한다. 영향권 확대를 위한 교통운영 및 교통시설에 투자해야 하고, 철도역의 복합환승센터가 제몫을 해야 한다. KTX역이 지역 거점이 되면 안정적인 수요를 올릴 수 있다. KTX역의 배후 도시를 확대해야 하기 때문에 인접 도시와의 보완적/협조적 관계도 중요하다. 이는 개발 비전을 공유하고 수익 분배가 효과적으로 이루어질 때만 가능하다. 지역별 여건을 반영해 중복되는 부분도 최소화해야 한다. 정차 도시는 물론 배후 도시 여건을 고려하되 다른 지역과 구별되는 특성화가 반드시 필요하다. 이러한 것들을 바탕으로 KTX 경제권의 최종 목표는 국제적 명성을 얻는 지역 브랜드를 창출하는 것이다.

국내 최초 복합환승센터인 동대구역 복합환승센터는 KTX 동대구역, 지하철, 고속버스 등을 한자리에 연결하는 대구 최대의 교통 요충지이다. 연면적이 세계 최대 백화점으로 꼽히는 신세계 센텀시티점보다 큰 29만6,000㎡에 달하고 쇼핑몰뿐만 아니라 테마파크·영화관·대형마트·스포츠센터 등이 들어선다.

— 〈서울경제〉 2015년 2월 16일

호남고속철 개통으로 전라선과 장항선을 갈아탈 수 있는 익산역 일대도 수혜를 입을 전망이다. 이곳은 KTX 익산역 복합환승센터와 함께 국가식품클러스터, 종합의료과학산업단지, 익산 일반산업단지 등 다른 개발 호재도 풍부하다.

— 〈매일경제〉, 2015년 2월 9일

역세권 개발은 특성화를 바탕에 둔 독창성을 강조해야 한다. 국가 차원에서 '지역 특화' 개념으로 추진하고 있는 광역경제권에서도 각 지역별로 특화산업이 지정되었다. 지역 차원에서는 개발 대상지의 특수성을 반영해야 한다. 개발 주체는 해당 지역이며 방법 역시 해당 지역에서 주관하는 것이 바람직하다. 중앙정부의 지원과 함께 특성화 방향이 결정되는 것이 아니라 지역의 자체 역량과 비전을 기반으로 진행되는 것이 좋다. 특성화 방법은 지역이 가지고 있는 경제/산업적 기반 또는 역사/문화적 전통, 지리적 위치 등을 토대로 만들어져 한다. 공공개발의 형태를 갖되 민간이 참여하는 방식이 적합하다.

사막 위의 도시 라스베이거스는 기차와 댐이라는 2가지 요소가 순차적으로 결합되어 세계 최대의 관광/유흥도시로 번성했다. 원동력을 제공한 것은 2가지였으나 전 세계 여러 곳에는 그보다 더 좋은 요인이 있음에도 발전하지 못한 도시가 많다. 도시의 흥망, 국가의 성쇠는 결국 국민이 그것을 어떻게 활용하느냐가 핵심인 것이다. 1970년대의 새마을운동은 우리나라 농촌이 근대화되는 데 주춧돌이 되었고, 1980년대의 중동특수는 경제가 한 단계 업그레이드되는 데 기여했다. 21세기에 찾아온 KTX를 디딤돌 삼아 선진한국을 어떻게 건설할 것인지는 오로지 우리의 지혜와 실천에 달려 있다.

07

신은
망하지 않았다

신은 시골을 만들었고

인간은 도시를 건설했다

신은 망했다.

이갑수 시인의 '신은 망했다'라는 아주 짧은 시_詩이다. 인간의 필요와 욕망에 따라 도시를 건설한 것이 신에게는 아주 못마땅하게 비쳐졌기에 시인은 '신은 망했다'라고 노래했을까? 도시 자체가 신의 마음에 들지 않아서가 아니라 도시의 구조와 형태, 그 안에서 살아가는 사람들의 행동이 신의 섭리에 어긋나기에 '망했다'라고 비판했을 것이다.

오늘날의 도시는 세계 어느 곳이든 복잡하고, 분주하고, 현란하고, 불편하다. 도시가 탄생할 때 바둑판처럼 완벽하게 계획되어 만들어진

곳은 극히 드물다. 가장 먼저 집이 생기고 마을이 생기고 시장이 생기고 재판소와 종교집회소가 생기고, 오랜 세월이 흘러 자동차가 만들어진 후에 정류장이 생기고, 기차가 만들어진 후에 기차역이 생기고…… 그렇게 무계획적으로 뻗어나가 도시는 복잡한 곳이 되었다. 특히나 기차역과 그 주변은 도시의 관문이자 상징이면서도 혼잡하고 정비되지 않는 장소가 되었다. 어떻게 하면 도시를 새롭게 탈바꿈시키고 기차역 주변을 아름답고 효율적으로 재편할 수 있을까?

이 오래된 숙제를 해결하고 국가경쟁력을 강화하기 위해 세계는 지금 도시를 광역화Mega City Region 하고 있다. 미국, 프랑스, 영국, 일본, 중국 등 경제대국들은 도시의 광역화를 통해 지역경쟁력을 강화하려 노력하고 있다. 그 핵심은 대도시를 중심으로 한 광역권을 네트워크형으로 집적, 연계시키는 것이다. 경제발전의 파급효과와 집적화된 경제의 시너지효과를 극대화시키기 위해서는 광역권 내 주요 도시를 빠르게 연결시키는 거점 중심의 국토전략이 필요하기 때문이다.

또한 'Green Race'를 위해 국가역량을 집중하고 있다. 우리나라도 저탄소 녹색성장에 초점을 맞추어 정책과 사업을 추진해왔다. 철도는 승용차에 비해 이산화탄소 배출량은 1/6, 에너지 소비는 1/8밖에 되지 않아 녹색성장을 위한 대표적인 대중교통 수단이다. 특히 역세권 개발은 녹색성장과 녹색생활을 창출한다는 점에서 매우 중요하다. 역세권 개발을 통해 에너지 효율을 높이고 탄소배출량은 줄임으로써 저탄소 녹색도시를 실현하는 압축도시Compact City가 가능하다.

▌철도를 중심으로 도시재생이 이루어진다

오늘날 도시 사람들이 교외로 빠져나가면서 도심공동화 현상이 일어나고, 직장이 멀어지면서 통행수요가 폭증하여 교통혼잡이 가중되고 있다. 이와 같이 도심 인구가 줄어들고 1~2인 가구는 점차 늘어나는 추세에 맞춰 생활서비스와 인프라를 통합하는 직주근접형의 변화가 필요하다. 철도역세권은 토지이용 복합화를 실현하여 대중교통 이용을 높이고 지역 활성화를 이끌어 도시재생의 중심으로 떠올랐다. 기존의 단순 통행공간에서 복합 문화공간으로 변하고 있는 것이다. 특히 KTX 역세권은 국토공간 및 경제발전의 바탕이 되면서 광역경제권으로서 그 중요성이 커지고 있다.

철도역세권의 역할은 크게 네 가지로 나눌 수 있다. 첫째, 대중교통 환승 지점으로 대규모 인구가 집분산하는 도시교통의 결절지이고, 둘째, 상업·비즈니스·문화·공공 공간이 복합적으로 들어서는 기능 중심지이다. 셋째, 문화·정보·교류의 장으로서 지역주민 생산 활동의 중심지이며, 넷째, 도시를 변화시키는 촉매제다.

그러므로 역세권 개발은 지역 발전에 다양한 영향을 끼치는데, 이 역세권 개발은 철도 유형에 따라 구분된다. 지역적 차원의 교통 네트워크인 도시철도·지하철은 반경 500m 이내, 광역적 차원의 광역급행철도는 반경 1㎞ 이내, KTX 역세권 등 국가적 차원의 교통망은 반경 3~5㎞ 이내로 설정하여 각각의 개발전략을 정한다.

이때 철도역이 중요한 역할을 한다. 과거의 철도역은 단순히 기차를 이용하는 시설에 불과했으나 점차적으로 다양화·복합화되고 있다. 최근에는 대중교통 중심개발Transit Oriented Development: TOD에 대한 관심이 늘어나면서 철도역을 복합환승 시설로 인식하고 있지만 그 역할은 점차 늘어나 문화, 정보, 교류의 장으로서 시민활동의 중심지로 변할 것이다.

우리나라 역세권 개발은 기차역의 특성, 복합기능, 개발방식 등에 따라 3가지 유형으로 변화해왔다. 1기는 '단독역사 개발형'으로 기존 역사 또는 철도부지 위에 복합역사를 건설하는 수직 확장 형태였다. 주로 리모델링을 통해 역무시설과 백화점을 중심으로 주변 지역과 관계없이 개별적으로 개발되었다. 2기는 '확장/복합개발형'으로 철도역 부지와 인근 지역을 포함하는 수평/수직 형태의 복합개발 또는 수직으로 올라가는 형태였다. 3기는 '주변 지역 연계개발형'으로 역과 주변 지역을 통합해서 개발하는 형태이다. 크게 기성시가지와 신시가지로 구분하는데, 기성시가지에서는 주변 지역의 도시재생과 연계하여 통합적 정비로 추진되고, 신시가지에서는 역 주변의 택지개발 및 도시개발과 연계하여 추진된다. 최근에는 역세권 개발이 도시 전체의 구조를 변화시키고, 쇠퇴된 중심지 기능을 회복시키는 데 역점을 둔다.

▌주변 지역과 동떨어진 KTX역

현재 완공되어 운영 중인 KTX역은 단일 건물 형태이거나 역과 주변 지역이 긴밀하게 연결되지 않고 단순히 대합실을 평면적으로 넓힌 모습이다. KTX역 완공 이후 필요에 의해 추가적으로 주변 지역이 개발되어도 KTX역과의 연계는 소극적으로 추진되는 경우가 많다. 그 결과 KTX역은 '나홀로 역'이 되고, 역세권은 하나의 공간이 아닌 기능적으로 분리된 이질적 공간으로 인식되고 있다.

기존의 KTX 역세권은 기존 시가지와 역 주변의 상권을 고려하지 않고 개발되어 상권이 중복되고 그 결과 지역경제의 활성화를 가로막는 원인이 되고 있다. 또 지역마다의 특성이 반영되지 못하고 백화점, 대형마트 등의 상업시설 위주로만 개발되어 어느 KTX역을 가도 똑같은 모습이다. 역세권이 도시문화의 중심지로서 다양한 활동을 할 수 있고, 교류장소로 거듭나기 위해서는 복합기능과 더불어 기존 시가지와 역 주변의 기능을 보완하는 특성화된 역세권이어야 한다.

그렇지 않으면 환승체계에도 불편이 생긴다. 동일 공간에서 입체적으로 환승이 이루어지는 것이 아니라 멀리 떨어져 있는 다른 교통수단을 평면적으로 연결하다보니, 환승하려면 한참을 걸어야 하는 등 이용자에게 불편을 주는 것이다. 또한 사업성을 이유로 철도역세권이 가져야 하는 공공기능을 제대로 하지 못한다. 역으로 가는 보행자 길, 광장 등이 부족하고, 공원이나 문화시설도 미흡하다. 나아가 KTX 역세권은 기존 도로와 토지이용 체계를 잘 반영하면서 미래를 보아야 하지만 몇몇 역세권은 주변 지역을 포함하는 전체적인 청사진을 그리지 않았다.

우리나라의 대표적인 KTX 역세권을 살펴보자.

서울역
북부역세권
	• 국제회의 · 문화 · 비즈니스타운을 계획하여 다기능 복합 문화공간의 국제교
	류 단지로 조성
	  – 대형 컨벤션센터(27층), 업무(40층), 호텔, 쇼핑몰, 문화시설 등
	  – 용산 동자동 일대 도시정비사업, 주변 낡은 도심재개발 사업과 병행하여
	    추진

용산
역세권
	• 용산국제업무지구 개발로서 대규모 PF 사업추진(대규모 업무시설 및 국제
	교통환승시설과 대규모 상업시설 계획)
	  – 기존 용산민자역사와 별도로 역세권 개발 추진
	  – 주변 삼각지, 전쟁기념관 등 도시환경 정비사업과 결합/병행하여 추진 중

동대구
역세권
	• 광역경제권의 교통중심 거점으로 육성
	  – 기존 동대구역을 확장/복합개발하는 형태로 복합환승센터 시범사업 추진
	  – 동대구 광역환승센터, 복합의료센터, 글로벌 디자인센터 및 주변 지역의
	    학교, 공동주택, 주거, 상업지구, 업무지구 계획

동탄
역세권
	• 국가기간 복합환승센터를 중심으로 하는 광역 비즈니스 콤플렉스 조성 추진
	  – 경부고속도로, KTX, GTX의 결절점
	  – 수도권 남부 업무거점 지역으로 조성하기 위해 다양한 업무, 상업, 문화,
	    주거시설 도입

출처 : 오재학 외(2012), KTX 경제권 발전 전략.

겉에서 느낄 수 있는 공간적 문제뿐 아니라 사업추진 방식에도 많
은 어려움이 있다. 역세권 개발은 주로 공공이 주도하는 사업으로, 다
양성이 부족하고 특성화된 계획을 세우는 데도 어려움이 있다. 지자체
가 요구하는 공공시설이 너무 많고, 그에 따라 쇼핑 중심이라는 점에
서 사업성이 크게 떨어진다. 따라서 KTX 역세권 개발은 공공기관이
가진 신뢰성과 지원시스템을 바탕에 깔고 민간이 가진 자본과 전문기
술, 아이디어를 최대한 활용해야 한다. 시민들이 적극적으로 참여해
야 하는 것은 두말할 나위가 없다. 그래야만 공공, 민간, 시민 등 모든

사람들이 환영하고 사랑받을 수 있는 역세권으로 재탄생할 수 있다.

▌ 선진국은 어떻게 개발했을까

그렇다면 다른 나라는 어떻게 철도역세권을 개발할까? 프랑스, 영국, 홍콩 등의 사례를 통해 성공 요인을 살펴보자.

● 홍콩 : 철도와 부동산을 통합시키다

도시국가인 홍콩은 좁은 영토를 효율적으로 이용하기 위해 철도 중심의 대중교통 체계로 도시를 재편하고 있다. 지역개발을 역세권 개발과 함께 추진하고 있는데, 특히 안정적인 개발이익과 재정 확보를 위해 철도 운영사업과 부동산 개발을 통합한 'R+P모델Rail+Property development'을 도입했다.

R+P모델은 철도를 건설할 때 철도 자체의 운영수익 외에 역세권 부동산개발을 통해 수익을 올리는 것이다. 철도회사 MTRC(Mass Transit Railway Corporation: 정부 보조금 없이 독립채산제로 운영되는 정부기업)는 민간 사업자와 초기 투자비를 공동 분담하고, 개발 이익을 나누어 갖는다. 이때 역세권 개발에는 철도역뿐만 아니라 주변 지역의 상업, 비즈니스, 문화, 주거 등 복합시설이 포함된다. 이렇게 되면 교통기반 시설이 확보되는 것은 물론 접근성이 좋아져 시간과 비용이 줄어들고, 토지가치도 높아진다. 개발이익 환수 차원에서 보면 공공기관이 도시환경을

개선하고 투기를 억제하며 그 이익을 철도사업에 재투자하는 것이다. 이를 통해 대중교통 이용이 더욱 증대되는 효과가 있다.

홍콩의 철도역세권 복합개발 사례

홍콩역 Hongkong Station	• 2개 철도역을 중심으로 CBD를 확장하는 신국제금융센터 복합개발 • 단일 건물 내에서의 입체 복합환승체계 (지하철과 복합버스터미널을 결합하고 2층의 보행광장과 보행데크를 통해 주변으로의 연결체계 확보)
구룡역 Kowloon Station	• 4개의 교통 플랫폼을 중심으로 복합개발 (Tung Chung 라인 플랫폼 위에 Airport Express의 플랫폼을 배치하여 효율적 입체복합 환승체계 구축) • CDA(Comprehensive Development Area)로 지정하여 지구계획 수립, 입체적 토지이용계획(역사 위의 주요 기능을 7개 패키지로 구분하여 각 개발업자가 사업가능한 개발단위로 나누어 추진)

출처 : 오재학 외(2012), KTX 경제권 발전 전략.

● 일본 : 도시재생에 역점을 두다

일본은 오래전부터 철도역세권 개발을 고민해 왔으며, 1998년에는 광역철도 역세권을 정비하기 위해 특별조치법을 만들었다. 그 목적은 대도시의 땅값 상승과 주택 부족, 교통 혼잡을 해결하기 위해 철도와 주택지를 고밀 개발하여 교통인프라를 넓히고 수익성을 올리는 것이다.

최근에는 일본 열도 전체를 '하나의 경제권' 나아가 '하나의 통근권'으로 묶는 초광역 경제권 계획을 세웠다. 리니아 신칸센, MAGLEV 등 고속철도를 매개로 도시 간 교류를 활성화함으로써 광역경쟁력을 키워가고 있다.

나고야역	• 상업업무(비즈니스) 활성화를 통한 지역중심지 개발. 1964년 신칸센 개통 이후 도쿄, 오사카에 도시 기능을 빼앗겨 지역경제에 위기가 왔으나, 1992년 호텔과 백화점을 유치하여 중심상업 업무 기능을 하는 역사로 신축. • 나고야 중심 시가지 활성화 계획을 수립하고 도시재생 긴급 정비지역을 지정하여 주변 지역 정비 추진
시나가와역	• 대규모 역세권 도심재생 프로젝트로 재개발구역 일체 정비 (하네다 공항과 인접하고 일본 대표기업들의 본사가 위치한 비즈니스센터 입지(6개 철도 및 지하철 정차) – 입체적 보행자 공간계획으로 오피스 지구와 역을 연계 – 지구 전체의 고도이용을 추진하여 중앙에 5ha 면적의 녹지, 지하에 대규모 에너지 공급시설 설치

출처 : 오재학 외(2012), KTX 경제권 발전 전략.

● 프랑스 : 새로운 거점을 조성하다

프랑스는 일찍이 1967년 〈협의정비구역 제도ZAC〉를 만들어 토지의 정비 · 공급을 뒷받침하고, 특히 역세권 개발에 힘을 쏟고 있다. ZAC는 토지정비에서 지상건물까지 일체적으로 시행할 수 있는 방식으로, 지방 공공기관이 토지를 취득해 시설 등을 정비한 후 건설 주체에 넘겨준다. ZAC는 모든 개발 사업을 대상으로 하기 때문에 주택, 상업, 공업, 서비스업 등 다양한 건물의 신축/개축이 가능하다.

또한 2009년 파리와 주변 일드프랑스를 통합 발전시키기 위해 '그랑파리Le Grand Paris' 프로젝트를 발표했다. 그랑파리는 초대형 대도시권을 만드는 정책으로, 고속전철 RER 등의 초고속 광역교통망을 넓히고 광역철도 네트워크를 연결해 파리와 주변 5개 신도시를 '파리 대도시권'으로 만드는 프로젝트이다.

유라릴역
Eura Lille
	• 테제베 북부선의 거점도시 조성이 목적
	  – 릴~프랑드르역(구역사)과 릴~유럽역(신역사) 사이의 군사시설 이전
	    지를 통합개발
	  – 철도건설을 통한 개발이익으로 도시기반 인프라 구축
	  – 국제역사 비즈니스센터가 들어서면서 업무기능 (은행, 보험, 무역회사
	    등) 중심의 지역경제 활성화
	• 민간과 공공의 공동 주도로 기존 도시의 훼손 없이 현대화하고 유명 건
	  축가의 설계로 건축의 질적 수준 향상

몽빠르나스역
Paris–
Montparnasse
	• 테제베 대서양선 건설계획에 따라 재개발 추진
	  – 고층아파트 사이에 인공 데크를 설치하여 대규모 옥상공원 조성
	  – 대단위 건축물 내 환승시스템 구축: 테제베, 대도시권 고속지하철
	    (RER), 지하철, 택시, 버스(공항버스) 등 교통수단별로 연계(환승이 구
	    역별로 구분되어 있어 환승시간 과다 소요)

출처 : 오재학 외(2012), KTX 경제권 발전 전략.

● 영국 : 민관이 공동으로 투자하다

영국은 2004년부터 광역경제권끼리 스스로 협력할 수 있는 초광역경제권을 추진하고 있다. 구체적으로는 런던 광역권의 경쟁력을 높이기 위한 '대런던플랜Great London Plan'과 철도 중심의 광역 네트워크를 연결하기 위한 '런던교통계획 2025London Transport 2025'를 들 수 있다. 특히 2026년 신고속철도 HS2가 개통되면 런던에서 에든버러까지 4시간 10분에서 2시간 9분으로 줄어들어 도시들이 더 가까워진다.

나아가 대도시권의 동서를 연결하는 광역급행 횡단철도 크로스레일Crossrail을 건설하고, 거점지역의 역세권도 재개발하고 있다. 재개발계획을 세울 때는 철도역이 시민생활의 중심이 되고 토지 이용이 쉽도록 〈사업지역Action Area 제도〉를 활용한다. 여기에는 민관공동투자PPP:

Public Private Participation가 중요한 역할을 한다. 정부 지원 없이 개발공사와 민간이 부대/임대사업에서 나온 이익으로 비용을 확보하는 것이다.

영국의 철도역세권 복합개발 사례

도크랜드 : 카나리워프역 Docklands	• 런던 동부 슬럼화된 항만지역 재생사업 (국제 비즈니스 지구 등 신도심 창출) – 공영재개발 방식에 의해 대규모 지하공간 개발과 연계한 역세권 개발 추진 • 광역철도 Crossrail 환승센터 구상 진행 중
세인트 판크라스 국제역 St Pancras	• 기존 고속철도 연계역인 워털루역의 기능을 국가철도, 고속철도, 지하철 등 7개 노선의 결절지인 St Pancras역으로 집중 – 이전 후 이용승객이 60% 이상 증가 • St Pancras 재개발사업은 약 800백만 파운드의 민간투자금으로 King's Cross 지하철역과 연계하여 호텔, 주거, 상업시설 확장 개발 – 지역의 도시재생사업과 연계하여 기존 역사건물을 보존하면서 현대적인 아름다움과 예술적인 역사를 조성한 프로젝트

출처 : 오재학 외(2012), KTX 경제권 발전 전략.

█ 우리에게 어떤 원칙이 필요할까

도시구조를 재편하는 것은 어떤 의미에서는 도시를 새로 건설하는 것보다 더 어렵다. 세계 각국에는 천년이 넘은 고도들이 많으며 그 도시들은 역사적 상징과 유적, 멋진 건축물을 소유하고 있음에도 실제 그곳에 사는 시민들의 삶은 여러 측면에서 불편할 수 있다. 혼잡하고 느린 교통도 불편한 요소 중 하나이다. 그러기에 영국, 프랑스, 일본 등 선진국은 도시를 재편해 삶의 질을 높이려는 노력을 하고 있다.

도시구조를 재편하기 위해서는 TOD를 뛰어넘는 Green TOD가 필요하다. 앞으로는 대중교통을 중심에 놓고 개발하는 TOD만으로는 인간 삶에 기여하는 도시 창출(혹은 재편)이 어렵다. 저탄소 녹색도시를 위한 Green Urbanism이 필요하며, 사회경제적 차원의 도시문제 해결을 위한 스마트 성장Smart Growth도 갖추어야 한다. 이 3가지 요소를 합친 것이 Green TOD이다. 궁극적으로 Green TOD는 합리적인 도시로 탈바꿈시키고 시민의 삶의 질을 높이는 것이다. Green TOD는 '5C'로 설명할 수 있다.

첫째, 집중Concentration이다. 도시의 주요 기능을 역세권에 고밀화/집적화/압축화하는 것으로, 선택/분산/조화를 이루면서 역세권을 성장거점화 시킬 수 있다.

둘째, 연결성Connectivity이다. 철도 중심의 네트워크형 도시를 위해서는 무엇보다 거점지역을 연계시켜야 한다. 이 연계는 '속도'와 '이동성'을 높여주기 때문에 경제발전의 원동력이 된다.

셋째, 융복합성Convergence이다. 철도역세권의 여러 기능이 활성화 될 수 있도록 복합적으로 토지를 이용하고, 다양한 활동이 가능하도록 여러 분야의 콘텐츠를 창출시킨다.

넷째, 지역문화성Culture이다. 역세권은 대외적으로는 거점지역이지만 내부적으로는 그 도시 사람들의 생활 중심지다. 시민들 스스로가 사랑할 수 있는 지역문화의 장소가 되어야 한다.

다섯째, 맞춤형 디자인Customizing Design이다. 역세권은 한 도시의 이미지를 결정하는 랜드마크 장소이기 때문에 무엇보다 공간의 질이 중요하다. 따라서 지역산업 또는 지역 이미지에 어울리도록 수준 높은 도시공간으로 디자인해야 한다.

▌ 어떻게 이익을 올릴 수 있을까

이 모든 일들이 일사천리로 추진되지는 못한다. 대중교통 중심의 도시로 재편할 때 가장 큰 골칫거리는 사업성을 확보하는 것이다. 대중교통 시설에는 막대한 돈이 들어가지만 이익은 오랜 시간에 걸쳐 회수되기 때문에 사업성이 떨어진다. 특히 광역고속철도나 기반시설은 복잡한 이해관계로 인해 사업기간이 길어지거나 계획대로 조성되지 않는 돌발 상황도 생긴다. 홍콩과 일본에서는 이러한 문제를 해결하기 위해 철도건설과 택지개발, 부동산개발을 연계시킨다. 홍콩의 철도+부동산 통합개발인 R+P모델Rail+Property Model이 좋은 사례이다.

그렇다면 우리나라에서 역세권을 순조롭게 개발하고 모든 참여자가 윈윈할 수 있는 방법은 무엇일까? 첫째, '공공과 민간의 파트너십'이다. 철도 관련기관, 지자체, 지역공사, 민간개발자, 디자이너, 시민단체 등이 참여해 통합적으로 운영하는 민관협력 사업이 되어야 한다. 민관협력은 민간 참여를 이끌어 비용을 확보하고, 수익 구조를 다양화하여 사업성을 높일 수 있다. 민간의 창의적인 운영기법과 아이디어가 역세권 개발의 질을 높일 수 있기 때문이다. 공공기관은 기반시설을 만들고, 비용은 누가 어떻게 투자할 것인지, 공적으로 투입되는 돈의 이익은 어떻게 거두어들일 것인지 원칙을 정해야 한다. 공공에 대한 신뢰가 쌓이면 민간이 적극 참여하게 되고, 수익성을 확보하면 교통인프라를 넓히기 위한 공공시설 지원도 늘어난다.

프랑스 유라릴 역세권을 개발한 유라릴메트로폴은 공공과 민간에서 투자한 공동회사이다. 자본금 중에 54%는 공공에서 제공한 토지이며 나머지는 지방은행 등에서 투자했다. 개발과 운영의 전반적인 사항은 유라릴메트로폴이 가지고 있다. 이와 달리 우리나라는 정부고시 방식으로 사업을 추진하기 때문에 효율적인 개발과 운영에 한계가 있다.

둘째, 시장경제에 바탕을 둔 안정적 수익모델을 마련해야 한다. 지역수요와 특성, 미래에 대응할 수 있는 장기적/단계별 방식이 필요하다. 초기 비용을 확보하고 원활한 자금 순환을 위해 주택분양을 고려할 수 있다. 또 지역경제에 맞는 특성화 전략을 세워 차별화된 상권을 조성해야 한다. 홍콩의 MTRC가 수익모델의 좋은 사례이다. 전체 이익 중 부동산개발 운영이익이 1998년 30%로 적자를 면치 못하다가 2003년 60%로 증가하면서 현재까지 흑자를 내고 있다.

▌ 장애물을 제거할 수 있는 6가지 실천과제

KTX 역세권 개발은 멋진 KTX역을 세운다 하여 저절로 이루어지지는 않는다. 완벽한 계획이 세워졌다 해도 하루아침에 원점으로 돌아갈 수 있다. 법적, 제도적 장애물은 물론 사람들의 인식을 바꿔 KTX 역세권을 효율적으로 개발하기 위해서는 6가지 실천과제가 필요하다.

첫째, 역세권 개발과 관련된 3개의 법률, 즉 〈국가종합교통체계효율화법〉, 〈역세권 개발 및 이용에 관한 법률〉, 〈도시재정비 촉진을 위한 특별법〉의 상호 연계가 필요하다. 특히 앞의 2개 법은 같은 철도역세권을 다루면서도 사업범위, 사업시행자, 비용보조, 사업절차가 중복되어 있어 각 법의 역할을 분명히 할 필요가 있다.

둘째, 철도복합역 지구와 역세권 개발·정비 지구를 구분해야 한다. 각각의 지구는 같은 역세권 내에 있지만 사업의 목적과 형태가 다르다. 철도복합역은 단일 사업지구로서 복합환승센터가 되어야 한다. 반면 철도역세권 개발·정비지구는 통합개발을 원칙으로 하되, 주변의 정비사업과 묶어서 추진하여야 한다. 나머지 주변 지역은 개별 사업단위별로 시행하되, 철도복합역사와 개발·정비지구를 연계하여 시행해야 한다.

셋째, 철도복합역에 입체적인 환승연계와 복합용도 지정이 가능해야 한다. 현재는 역세권개발 계획을 세울 때 용도 및 도시관리계획 변경에 어려움이 있어 평면적으로 용도를 지정하고 있다. 그러나 복합역사는 입체적으로 토지를 이용하고 밀도관리나 도시계획시설 등에 대해 일괄적으로 결정한 뒤 개발을 추진해야 한다.

넷째, 도시설계적 관점이 필요하다. 즉 역세권 개발과 관련된 여러 분야가 서로 협력하고 조정하는 코디네이터가 있어야 한다. 역세권

계획을 세울 때 전문가 마스터플랜 제도를 만들고 철도공사, 철도시설공단, 지자체 등이 참여해야 한다. 또 통합적 심의운영 제도도 있어야 한다. 중앙정부 및 지방정부와 관련된 행정업무를 조정하고 추진하는 기구가 필요하다. 이 기구는 초기 계획에서 완성까지 전 과정에 참여해 원래 목표와 내용이 바뀌지 않도록 관리해야 한다.

다섯째, 공공부문의 역할과 범위를 정해야 한다. 사업의 신뢰성을 갖기 위해 광역 환승시설, 광역 연계도로 등은 국가가 지원하고, 도시 내 연결도로와 문화시설 등은 지자체가 지원하고, 구역 내의 도로, 공원 등은 사업시행자가 부담하는 원칙을 정해야 한다.

여섯째, 개발이익의 다양한 환수 방식이 필요하다. 주변 지역 개발로 발생한 이익도 개발이익에 포함되도록 해야 한다.

▌ KTX역이 널리 사랑받는 명소가 되려면

KTX 역세권은 '압축도시'를 가능하게 한다. 압축도시는, 도시 중심부에 초고층 빌딩을 밀집시켜 별도의 교통수단 없이도 주변 시설을 이용할 수 있도록 고안된 방식이다. 철도 중심의 네트워크 도시인 Railway Polis와 비슷한 개념으로 다음 4가지를 가능하게 한다.

첫째, 효율적인 입지로 직주근접을 실현할 수 있다. 기존 도심은 퇴근 이후 밤만 되면 텅 빈 곳이 되지만 대중교통 중심의 고밀 복합개발은 역세권과 주변 지역을 24시간 활성화하여 도심공동화를 막아준다.

둘째, 효율적인 토지 이용이 가능하다. 기반시설이 좋은 역세권에 선택과 집중의 원칙으로 밀도를 다르게 적용하면 더 좋은 도시를 만들 수 있다. 셋째, 대중교통 결절지에 인구변화를 고려한 다양한 주택을 지어 사람들을 끌어들일 수 있다. 특히 1~2인 가구를 위한 소형주택을 짓고 생활 편의시설을 넓힐 수 있다. 넷째, 기후변화를 줄이는 저탄소 녹색도시를 만들 수 있다.

효율적인 환승연계도 중요하다. 입체적인 복합환승연계는 '5분 환승, 20~30분 연계'가 되어야 한다. 이러한 환승연계가 가능해야만 허브앤스포크형 대중교통 체계를 구축할 수 있다. 현재 서울역은 6개 노선(지하철 1·4호선, 공항철도, 경의선, KTX, 버스전용차로)이 만나는 대중교통 중심 환승센터다. 하지만 각 노선이 계획적으로 연결되어 있지 않아 공항철도에서 지하철로 환승하려면 10분 이상이 걸리는 등 매우 불편하다. 반면 홍콩의 구룡역은 3개 노선(공항철도, 지하철, 버스)이 모두 입체교차 방식으로 연결되어 어떠한 경우에도 5분이 걸리지 않는다. 빠르게 환승하려면 역과 주변 지역과의 접근이 편리해야 한다. 보행이나 자전거 이용에 불편함이 없어야 하고 역세권 안으로 자동차가 들어오는 것도 가급적 막아야 한다. 그렇게 했을 때 대중교통의 이용이 한층 높아진다.

철도역세권이 광역 및 지역의 중심지 역할을 하려면 매력 있는 장소가 되어야 하고, 지역 명소로 거듭나야 한다. 아무리 아름다운 철도역과 편리한 대중교통을 갖춘다 해도 시민들에게 매력을 주지 못하면 역세권은 단순히 통행만 하는 곳으로 머무른다. 철도역세권을 매력적인 장소로 만들기 위해서는 어떤 방법이 필요할까?

　우선, 도시문화의 중심이자 교류의 장소가 되어야 한다. 역세권과 주변을 연결하는 보행친화적 광장, 공원, 공공시설 등이 잘 어우러져야 한다. 또 기존의 백화점, 대형마트 위주의 개발에서 벗어나 문화, 교육, 주거, 공공행정 등의 다양한 시설을 갖추도록 한다. 이러한 공간은 지역활동과 생활의 중심지가 되며 시민과 철도 이용객이 참여하는 다양한 프로그램, 콘텐츠를 만들어낼 수 있다. 나아가 수준 높은 디자인을 통해 지역의 명소로 만들 필요가 있다. 철도역 건물은 주변 풍광과 어울리도록 짓되, 쾌적한 보행길을 만들고 모든 사람이 이용하기 편리한 공공디자인을 통해 도시환경을 업그레이드 시켜야 한다. 또 지역 특성을 반영해 기차역과 역세권 이미지를 창출하는 것도 필요하다. 명소가 되기 위해서는 지역 특화산업 및 도시기능을 잘 연계시키고 시민들이 자주 찾는 활동공간이 되어야 한다. 특히 지역에 맞는 브랜드를 만들고 브랜드에 적합한 이미지 마케팅을 펼쳐 아름답고 편리한 기차역으로 널리 인식되도록 해야 한다.

08

지역경제와 성장의 허브, KTX역

부동산, 예컨대 아파트 가격을 형성하는 요인은 여러 가지가 있다. 학군, 공원, 생활 안전성, 편의시설 여부, 교통성… 그중에서도 가장 크게 영향을 미치는 것은 무엇일까? 만약 어떤 아파트 단지가 서울대 입학률이 높다면 아파트 가격은 상승한다. 반면 경찰서나 소방서 등이 하나도 없어 범죄발생률이 높은 아파트라면 가격은 높게 형성되지 못한다. 이러한 많은 요인 중에 교통성은 아주 중요하다. 그러기에 '경세권'(경찰서가 가까운 동네)이나 '공세권'(공원이 가까운 동네)이라는 말은 없어도 '역세권'이라는 말은 있다.

주택을 분양할 때 홍보문구에 역세권은 절대 빠지지 않는다. "전철역까지 걸어서 6분"은 실제 6분이 걸리든 아니든 그만큼 가깝다는 것을 강조하는 광고이며, 주택을 선택할 때 절대적으로 중요한 요인이다. 주택뿐만이 아니라 상점도 역에 가까울수록, 역이 클수록 가격이 올라간다. 역은 한 도시의 경제에 커다란 영향을 미치며 역을 중심으로 경제 네트워크가 뻗어나간다.

KTX가 개통한 이후 'KTX 경제권'이 빠른 속도로 지역의 경제 모습을 바꾸어가고 있다. KTX 경제권은 KTX 네트워크를 활용하여 이루어지는 경제활동 공간을 의미한다. 고속·대량의 수송수단으로 대한민국 국토 전체를 하나의 도시처럼 만들어가는 것이다. 즉 KTX 경제권은 "고속철도역을 중심으로 특성화 개발을 통해 교통 및 경제의 거점화를 촉진하여 전국을 하나의 도시처럼 발전"시키는 의지의 결정체다. 주택이나 상가의 홍보문구에 'KTX권'이라는 단어가 아직 정착되지는 않았으나 KTX 경제권은 미래의 국가발전 모델이자 동시에 지역발전 모델이다.

KTX는 이제까지 독립적으로 작동하던 지역경제를 빠르고 효율적으로 연계하여 수도권과 비수도권의 구분을 약화시키고 있다. 이를 통해 구조적 갈등 중 하나인 비수도권과 수도권의 이분법이 사라지면서 지역과 수도권, 지역과 지역이 각각의 장점을 발휘해 새로운 경쟁력을 가질 수 있게 되어 상생발전이 가능하다.

▌ KTX 경제가 태동하다

2004년 개통된 KTX는 경부축의 전통적인 대도시를 연결하고 있다. 서울과 주요 광역시인 대전, 대구, 부산은 가장 중요한 정차 도시가 되었다. 2010년 경부고속철 2단계 개통 이후 정차 도시에 오송과 김천, 경주, 울산이 추가되었는데, 이 도시들은 미래의 교통거점으로 부각되고 있다. 또한 2015년 호남고속철도가 개통됨에 따라 정차 도시인 익산, 정읍, 광주, 목포 등이 교통거점으로 중요한 역할을 수행할 것이다.

KTX가 지역을 대표하는 거점도시들을 연결하기 때문에 KTX를 활용해 실질적인 지역발전이 가능하다. 장기적으로는 수도권 집중을 분산시켜 오랫동안 지속된 지역불균형을 해소할 수 있다. KTX역이 지역발전의 핵심축이 되고 있다는 인식은 폭을 넓혀가는 중이다. 실제로 KTX의 고속·대량수송 능력, 즉 고품질의 이동성은 수도권에 비해 상대적으로 저조했던 지방도시에서 비즈니스 여건을 크게 개선시키고 있다. 게다가 KTX역은 지역의 관문이자 거점으로, 지역을 대표하고 주변 지역과 연계된 경제활동을 전개하는데 매우 적합한 장소적 이점을 제공한다. 특히 지역의 특성을 잘 나타낼 수 있는, 타 도시와 차별화된 경쟁력을 갖추면 지역의 브랜드화는 물론 국제적으로도 손색없을 도시로 성장할 수 있다.

이러한 도시의 발전은 KTX가 정차하는 역을 중심으로 혁신적이고 미래지향적인 고부가가치 비즈니스를 유치함으로써 시작된다. 이를 위해서는 기존의 철도역 이미지를 개선하고 도시발전계획과 연계한 도심 재생이 필요하다. 우선적으로 대중교통 등과 연결하여 KTX역의 교통거점화가 이루어져야 한다. 이후 교통에 기반한 도시개발TOD이 추진되면 KTX 이용 여건이 개선되고, 그에 따라 유동인구 증대를 통한 개발이 가능해진다. 확보된 개발수요자, 즉 KTX 이용자의 특성을 반영하여 역세권 개발에 활용하고, 이를 근거로 적절한 비즈니스를 유치하면 성공 가능성은 더욱 높아진다. 예를 들어 금융·보험과 같은 고부가가치 업종의 유치가 성공하면 지역 산업의 고도화가 이루어진다. 또한 관광·휴양 등과 연계한 국제행사를 유치하면 MICE 산업 중심의 지역발전 기반을 마련할 수 있다.

지역마다의 장점을 부각시킬 수 있도록 KTX 네트워크를 활용하면 지역은 다양한 기능의 특화가 이루어지고 전국은 하나의 거대도시_{Mega City Region}가 될 수 있다. 이 과정에서 지역에 산재하는 경쟁력을 하나로 모아 새로운 비즈니스가 탄생할 수 있으며, 미래 우리나라의 새로운 경쟁력으로 거듭날 것이다.

많은 사람들의 주요 관심사는 'KTX 개통 이후 지역경제가 어떤 모습으로 변하고 있는가'이다. 이를 분석하기 위한 명확한 방법론은 아

KTX 개통 효과

구 분	내 용	계량화 내용	비 고
지역개발	개발수요 확보	지역내 거점화 정도 – (유동)인구 증가 – 지역내 교류증가	영향권 범위 및 특성 – (유동)인구 수 및 특성
시장확대	수요자 확대	시장 전국화 방문·관광증가	지역브랜드의 전국화 사례 관광객 증가
신규 비즈니스	시장 창출	창업 증가 – MICE산업	창업 사업체 수 신규 비즈니스(MICE 등)
산업구조 고도화	고부가가치 산업비중 증가	산업고도화	3차 산업 비율 변화 – 금융·보험·행정

직 개발되지 않았으나 철도, 즉 대규모 수송수단 개통의 효과를 구조적으로 분석하면 KTX가 지역경제에 미친 영향을 파악할 수 있다.

▌ 개발수요가 확보되다

우리보다 앞서 고속철도를 개발한 일본은 신칸센이 정차하는 역은 물론 주변 지역까지 포함하여 역세권을 개발했다. 고속철도 이용자의 증가를 예상하고 그들에게 필요한 서비스를 공급하는 차원으로 전개되었는데, 편리한 서비스 덕분에 고속철도 이용이 더욱 늘어나는 결과로 이어졌다. 일본 역세권 개발의 대표 사례인 신요코하마역 주변 업무지구 개발은 지하철 건설과 함께 진행되어 요코하마 전체의 발전으로 이어졌다. 요코하마 역세권 개발은 상업/문화시설 등 도시에서 필요한 공공시설의 확보가 병행되면서 매우 의미 있는 도시발전으로 이어진 것으로 평가받는다.

또 다른 사례는 나고야 역세권 개발로, 나고야 역을 랜드마크로 조성한 것이다. 일본에서 4번째로 높은 53층의 JR센트럴타워는 나고야의 브랜드가 되었고, 건물 내부에 호텔, 백화점, 사무실, 음식점 등을 입주시킴으로써 도심 재생은 물론 국내외의 관광객 증가로 도시 수준을 한 단계 업그레이드시켰다.

우리나라에서도 KTX역을 중심으로 인구 증가는 물론 유동인구 또한 늘어나고 있다. KTX 대전역이 자리한 중앙동의 인구는 인접 지역에 비해 KTX 개통 이후(2004~2010년) 확연한 증가 추세를 나타내고 있다. 대전광역시 전체 인구증가율인 0.7%보다 높은 수치다. 대구 역시 KTX 동대구역을 중심으로 살펴보면 인구 감소세가 뚜렷했으나 KTX 개통 이후 증가세로 바뀌었다. 부산에서도 KTX 부산역 주변의 인구는 개통 이전(2001~2004년)에 비해 확연한 증가세를 보이고 있으며 부산광역시 전체 인구증가율 -0.5%에 비해서도 크게 높은 수치다.

▌ 비즈니스 시장이 확대되다

KTX가 개통된 2004년 이후 KTX역 주변의 땅값은 꾸준히 상승하였다. 특히 2004년 대비 2007년 상승률은 연평균 28.42%, 누적 113.71%로, 전국 평균 상승률(연평균 13.86%, 누적 55.44%)에 비해 약 2배나 올랐다. 비교적 외지에 세워진 광명역, 천안·아산역 등 신설역 주변의 땅값 상승은 더욱 높은 것으로 나타났다. 이는 타 지역 기업 또는 개인들에게 토지 이용가치가 높기 때문으로 판단된다. 신설역은 연평균 35.3%, 누적 141.2%가 올랐으며, 기존역은 연평균 7.8%, 누적 31.17%가 올라 신설역의 상승률이 약 4.5배 높았다.

신설역(광명, 천안·아산, 오송, 김천구미, 신경주, 울산) 주변의 땅값 누적상승률은 전국 평균 상승률의 2.5배 수준이지만 기존역(대전과 동대구)은 전국 평균 수준보다 낮았다. 이는 기존역에는 역세권이 이미 형성되어 있고, 대도시에 위치하고 있어 추가 개발의 기대심리가 신설역에 비해 못 미치기 때문이다. 2010년에 개통된 경부고속철 2단계 정차역 주변 땅값은 연평균 37.96%, 누적으로는 151.87%나 올라 2004년 개통역(연평균 18.88%, 누적 75.53%)에 비해 2배가량 높은 것으로 나타났다.

땅값 외에도 KTX 개통에 의한 시장의 확대 또는 시장의 전국화를 증명하는 사례도 많다. 예컨대 'KTX 특송'이다. KTX의 빠른 속도를 이용한 소화물 수송서비스는 매년 증가하고 있다. 부산 자갈치 시장의 신선한 횟감이 서울의 소비자에게 빠르게 배달되는 것이다. 이와 같은 현상은 프랑스에서도 볼 수 있는데, 대학 및 연구소가 밀집된 리옹Lyon에서 개발된 신약, 백신 등은 부가가치가 높고 수요가 매우 유동적이기 때문에 테제베를 통해 전국으로 적기에 배송된다. 같은 방법으로 우리나라 역시 향후 생명과학 특성화가 예상되는 오송역과 해외 수입 의약품이 집결하는 인천공항 두 곳을 거점으로 하는 고부가가치 신약 물류체계를 구상할 필요가 있다.

또 하나는 '모임'의 활성화이다. KTX역은 서로 다른 지역의 사람들이 시간을 절약하여 만날 수 있는 매력적인 장소로 떠오르고 있다. 이에 따라 KTX역 회의실 이용 인원도 크게 증가하는 추세다. 2013년 KTX역 회의실은 63개로 2005년에 비해 약 10배 증가했으며, 회의 개최 건수는 89배 증가했고, 이용 인원도 92배 늘어났다. 2013년 회의실 당 개최 건수는 252건으로 2005년(25건)에 비해 10배 증가한 것으로 나타난다.

KTX 개통 전에 국제회의의 53%가 서울에서 열렸으나 2009년 41%로 비중이 낮아졌다. 반대로 6%에 불과하던 부산의 비중은 19%

로 크게 올라갔고, 대구는 2%에서 3%로 증가했다. 특히 부산은 2003년 19건에서 2009년 199건으로 9.5배가 증가해 가장 높은 증가율을 보였다. KTX 개통과 관련이 없는 제주에서의 개최 건수가 4% 감소된 것으로 볼 때, KTX 개통 효과가 국제회의 유치와 무관하지 않다고 할 수 있다.

나아가 KTX는 산업구조 고도화에도 영향을 끼친다. KTX역이 있는 도시와 없는 도시, 늦게 세워진 도시를 비교하면 그 영향력을 알 수 있다. 먼저 고부가가치 3차산업인 금융·보험업의 부가가치 비중을 살펴보면, KTX 1단계 개통역(대전, 대구, 부산)에서는 상승하였으나 타 지역(울산, 창원)에서는 거의 변하지 않은 것으로 나타났다. 또한 사업서비스업의 비중 증가도 KTX역 도시에서 확연하게 나타나는 것을 볼 수 있다. 한편 소위 빨대효과의 사례로 언급되는 교육서비스업의 비중은 대전, 대구, 부산에서 더욱 높아졌다. 다시 말해 KTX 정차 도시는 고부가가치 서비스의 지역 거점으로 부상하고 있는 것이다.

▌이제는 KTX 경제권을 넓혀야 할 때

기차역은 떠나고, 돌아오고, 만나는 곳 이상의 역할을 한다. 기차역은 교통의 단위이면서도 경제, 사회, 문화, 교육, 예술 측면에서 다양한 몫을 수행한다. 그러기에 기차역이 있는 마을과 없는 마을은 발전의 경계에서 확연하게 달라진다. KTX 개통은 이 현상에 커다란 영향을 끼쳤다. 이러한 효과는 빠른 교통수단에 기반한 경제활동이 이루어지고 있음을 의미한다.

KTX 경제는 KTX를 이용하여 새롭게 만들어지거나 증가된 경제활동을 의미한다. 빠른 속도와 전국 네트워크를 활용해 부가가치를 생산하는 비즈니스가 나타나고 있는 것이다. KTX 특송 등 신속 서비스를 이용하는 지역의 신선상품 매출 증가가 대표적이며, 출장·관광 등도 당일로 이루어지고 있다. KTX를 직접 이용하지 않더라도 고속철도 개통 이후 새롭게 나타난 경제활동들이 존재한다. KTX역이 새로이 세워지면서 탄생한 다양한 신규 비즈니스들이다. 작게는 역사 내 회의실, 전시실, 음식점, 상가 등의 상업 활동이 증가하고 있으며, 크게는 KTX역 주변에 산업·경제활동 지원시설 입주가 촉진되고 있다.

KTX 경제권은 KTX 네트워크 확대에 따라 범위가 더욱 넓어질 것이다. KTX 경제권은 물리적·지리적으로 구분이 어렵기 때문에 행정적 구분도 어렵다. 왜냐하면 일반적으로 경제활동 영역은 행정적·지리적 제약을 받지 않기 때문이다. 그러므로 KTX 경제권 개발과 KTX 경제 활성화는 KTX의 속도와 정차역을 중심으로 이루어져야 한다. 즉 KTX 경제의 발전을 선도할 수 있는 거점지역(역세권)을 KTX 경제 거점으로 해석하고 지역 개발을 촉진해야 한다. 이때 지역 특성, 시기적 여건 등을 모두 고려하여 추진되어야 한다. KTX 경제권은 2004년 고속철도 개통 이후 형성되기 시작한 경제공간으로 그 정도에 따라 단계적 접근이 필요하다. 대량·고속 이동을 이용하는 비즈니스를 위한 사업 개발이 우선되어야 한다.

이후 이들의 집적을 통한 시너지효과 창출 차원에서 KTX역 중심 비즈니스 집적을 위한 도시개발을 추진할 수 있다. 한편 KTX 경제권의 형성이 미흡하고, 기본 수요가 부족할 경우에는 장기적 관점에서 개발을 추진해야 한다. 이를 위해서는 KTX역의 수요 확보를 위한 교통부문에서의 대응책 마련이 요구되며, 동시에 영향권 확대를 위한

지역별 특화산업

지 역	특 화 산 업
강원	생활의료기기, 구조용 신소재, 웰니스식품, 스포츠지식 서비스
경남	생산기계, 수송기계 전장, 나노광학, 소재성형, 생명건강
경북	디지털기기부품, 에너지 부품소재, 기능성 바이오소재, 성형가공, 생활섬유
광주	스마트가전, 복합금형, 생체의료용 소재부품, 지식데이터, 디자인
대구	생산공정기계, 소재기반 바이오헬스, 정밀성형, 패션웨어, 데이터기반 지식서비스
대전	광학기기 소재, 바이오 소재, 금형정밀가공, 지식융합, 연구개발 서비스
부산	초정밀 융합부품, 산업섬유 소재, 바이오헬스, 금형열처리, 영상콘텐츠
울산	수송기계 융합부품, 정밀화학, 에너지소재, 환경, 엔지니어링 플랜트
전남	구조/기능 세라믹스, 석유화학기반 고분자소재, 해양기자재, 고기능 생물소재, 금속 소재/가공
전북	경량 소재부품, 인쇄전자, 에너지 변환/저장부품, 향토기능성 식품, 자동차 기계 생산기반
제주	생명융합지식, 해양바이오, 건강뷰티 소재, 문화관광 콘텐츠
충남	자동차부품 소재, 조명부품 소재, 그린바이오, 금속소재/부품 가공, 지식/영상 서비스
충북	전력에너지부품, 금속가공, 기능성화장품, 바이오/한방식품

출처 : 산업통상자원부(http://www.motie.go.kr)

교통운영 및 교통시설 투자계획의 조정이 있어야 한다. 또한 인접 도시와의 보완적·협조적 관계 설정도 매우 중요하다. 인접 도시와의 개발비전 공유 및 개발성과의 분배가 효과적으로 이루어지면 배후도시 확대 효과를 가져올 수 있다.

KTX 경제권 개발을 추진하는 모든 지자체의 최종 목표는 국제적 명성을 얻을 수 있는 '지역브랜드 창출'이어야 한다. 그렇기 때문에 더욱 독창적인 특성화가 강조된다. 이를 위해 현재 국가 주도로 추진 중인 '지역 특화' 기반 광역경제권 계획과의 밀접한 연계가 필요하다.

하지만 개발 주체는 해당 지역이며 방법 역시 해당 지역에서 주도적으로 마련해야 한다. 지역의 특성화 방향은 중앙정부의 지원에 따라 결정되는 것이 아니라 지역의 자체적 역량과 비전을 기반으로 결정되어야 하는 것이다. 특성화 방법은 지역의 경제·산업 기반 또는 역사·문화 전통, 지리적 위치 등의 특성을 토대로 만들어져야 하며, 개발 방법은 공공개발의 형태를 갖지만 민간이 참여하는 방식이 적합하다.

09

한국경제는
KTX와 함께 진화 중

"한국에서 민주주의가 정착하는 것은 쓰레기통에서 장미가 피기를 기대하는 것과 똑같다."

한번쯤 들어보았을 이 말의 출처는 분명하지 않다. 어떤 사람은 1950년 6.25가 일어나기 직전 일본 도쿄에 근무하던 영국 〈더 타임스〉 특파원의 말이라 주장하고, 어떤 사람은 미국의 공직자이자 저널리스트인 칼 로완Carl T. Rowan이 1966년 영국에서 발간되는 〈이브닝스타〉에서 했다는 말이라고도 하고, 어떤 사람은 〈뉴욕타임스〉 사설의 제목이라고도 한다. 출처는 불분명해도 말의 의미는 분명하다. 1960년대까지만 해도 우리나라의 민주주의는 선진국 사람들의 눈에는 허울에 불과했기 때문이다.

그렇다면 그는 왜 "한국에서 산업화를 이루는 것은 쓰레기통에서 장미가 피기를 기대하는 것과 똑같다"라는 말은 하지 않았을까? 어쩌면 그 시절 우리가 너무 가난해 산업화는 아예 꿈도 꾸지 못했기에 그러한 비판적 예측조차 나오지 않았던 것일까? 이 말이 회자된 지 50여 년이 흐른 지금 "쓰레기통에서 장미는 피어날까?"라는 질문에 대한민국 국민 누구나 "그렇다"고 자신 있게 대답할 것이다. 나아가 "대한민국은 원래 쓰레기통이 아니었다"라고 정중하게 덧붙일 것이다.

한국이 겪은 지난 70여년의 역사는 전 세계 어느 국가도 겪지 못한 굴곡과 격동의 역사였다. 그 역사를 지켜본 우리 국토 역시 반만년 역사상 유례를 찾아볼 수 없을 정도로 급격하고 역동적인 변화를 경험했다. 그 변화의 중심에는 한강의 기적이라 일컫는 경제성장이 있었다. 1964년 1인당 국민소득이 77달러에 불과했던 최빈국에서 현재 2만 6천 달러(2014년, 세계 33위)까지 이르렀으며 무역규모(수입+수출)는 1조 달러를 초과하여 세계 10위권 내에 드는 수출 강국이 되었다. 이 과정에서 국토공간의 경제밀도는 매우 높아졌으며 도로, 철도, 항만, 댐, 산업단지 등 사회간접자본soc의 확충이 꾸준히 이루어졌다.

이제는 도시화율이 90%를 넘어선 후기 도시화시대이다. 노령인구와 1인가구의 급증, 저출산으로 말미암아 국토에 영향을 미치는 주거, 교육, 노동, 여가, 소비와 같은 생활 패턴에 새로운 양상이 나타나고 있다. 아파트가 아닌 개성 있고 다양한 소형주택을 선호하며 월세 임대주택이 보편화되고 있다. 전통적 가족제도와 평생직장도 사라졌다. 반면 여가활동과 관광은 건강·레저, 스포츠, 문화와 결합해 더욱 다양화되고 있으며 인터넷의 정착으로 소비 행태도 급변했다. 이밖에도 귀농·귀촌의 증가, 기후변화와 잦은 자연재해, 대도시 주민의 도심

회귀현상 등 메가트렌드를 가늠할 수 있는 징후는 많다.

지난 반세기는 정부가 국가목표와 비전을 일방적으로 세운 후 수출 등 주요 경제활동을 이끌고 지원하는 중앙집권체제였다. 그러나 민간 부문이 늘어나고 세계화와 개방성이 정착되면서 시민권력이 점차 국가권력을 대체하고 있다. 이러한 포스트성장 시대에는 하향식 의사결정의 대전환이 불가피하다. 선진국일수록 성숙된 시민사회가 건재하며 도시 미래상을 그리는 일에도 참여가 활발하다. 게다가 눈부신 IT 혁명은 민주화/자치화를 이끄는 토대가 되고 있다. 누구나 지닌 스마트폰은 미증유의 똑똑한 시민을 양성해내고 있다.

우리 사회의 여러 변화 추세와 '분권화된 선진형 시민사회'로의 이행을 종합적으로 반영하여 국토의 미래상을 그리는 일은 대단히 어렵다. 하지만 1970년대 고속도로나 2000년대 초의 초고속 인터넷과 마찬가지로 고속철도는 예측이 가능하다. 2004년 4월 1일 서울—동대구 간 최초로 개통된 KTX는 국민생활과 국토에 미치는 영향이 엄청난 혁신적 교통수단이다. 2020년이 되면 전 국민의 84%가 KTX의 혜택을 받고 전 국토의 82% 가량이 영향권에 든다. 한마디로 요약하면 전국을 90분대 '단일 도시생활권'으로 만드는 일이 충분히 가능하다.

▌KTX역은 교통과 경제의 거점

동서양을 불문하고 도시의 오랜 역사를 들여다보면, 그 생성과 성장은 사람과 물자를 실어 나르는 교통수단과 밀접한 관계가 있다. 교통수단이 도시의 크기와 발전을 좌우한 것이다. 도시라는 어휘 자체가 도성都城과 시장市場이 결합된 만큼 모든 문물이 거래되는 장소다. 고대도시는 길이 빈약하여 주로 배를 이용하였기 때문에 강어귀나 호수 주변에 자리 잡을 수밖에 없었다. 오늘날처럼 다양한 교통수단이나 시설이 발달되지 못한 상태에서 가장 편리하고 자연친화적인 교통 네트워크는 하천이었고 배를 이용하는 수운水運이 우마차와 더불어 지역경제를 움직이는 동맥이었다.

19세기 철도의 등장으로 도시는 새로운 전기를 맞았다. 100여 년 후 탄생한 고속철도는 도시의 모습은 물론 시민들의 삶에도 대변혁을 일으키고 있다. 21세기 최첨단 교통수단인 우리의 KTX는 경제활동의 공간적 범위를 넓히면서 역세권개발, 도시개발을 통해 국토의 개편에도 큰 영향을 끼치고 있다. 여기에서 탄생한 말이 'KTX 경제'이다. KTX 경제권은 다양한 KTX 경제를 창출하고 촉진시키는 혁신 공간으로서 연계 교통수단에 따라 범위가 다양하고 매우 유동적이다. 일반 행정구역처럼 엄격히 나눠지지 않는 까닭에 KTX 정차 도시의 역세권에 머물지 않고 광역 경제권까지 넓혀진다.

한국교통연구원은 "KTX 경제권은 KTX역에서 30분 이내 접근이 가능한 지역"이며 궁극적 목적은 "고속철도역을 중심으로 특성화 개발을 통해 교통 및 경제 거점 기능을 촉진하여 전국을 하나의 도시처럼 발전시키는 것"이라고 정의했다. 가령 KTX 네트워크가 전 국토에 골고루 퍼져 있다면 이를 활용하여 이루어지는 경제활동의 범위는 국가 전체로 확대된다. 그렇다면 KTX 경제권은 어떤 단계를 거쳐 진화할까?

첫째는 환승교통 거점화이고 둘째는 지역경제 거점화이며 셋째는 글로벌 교류 거점화이다. 이 3단계는 서로 밀접하게 연결되어 우리나라에 새로운 경제혁명을 가져올 것이다. 제1단계는 KTX역 자체의 주상 복합용도개발MXD이다. 대형백화점이나 대형마트, 호텔과 레스토랑, 영화관, 레저·스포츠 및 공연문화시설, 갤러리 등 다양한 판매, 서비스 시설이 들어선다. 복합환승센터가 들어서면 대중교통의 접근성이 좋아지는 것은 물론 경제도 활성화된다. 제2단계는 역세권이 확대되어 유동인구와 일자리가 늘어나면서 가져오는 효과이다. KTX 정차도시의 기존 도심 기능이 옮겨지고 분담되어 새로운 상권이 형성된다. 가까운 직접영향권 내에 대중교통중심TOD형의 신도시를 개발할 수 있고 침체된 도시를 재생시켜 연계교통망과 환승 이용객이 늘어난다. 또한 금융, 교육, 이벤트, 전시 등 고급 3차산업이 늘어나고 창업보육센터 등의 공공행정 서비스가 가능하고, 취업기회가 증대돼 통근자가 늘어난다. 이 단계에서는 KTX 역세권이 지역경제의 핵심이 되어 특성화 산업을 개발할 수 있고 생산품의 전국 브랜드화가 이루어진다.

제3단계는 광역 대도시권의 중추 기능을 대부분 수행하면서 KTX 경제권의 완성된 모습을 나타낸다. KTX역 인근에는 국제행사를 개최할 수 있는 컨벤션센터나 MICE산업을 위한 숙박시설이 자리 잡아 국제교류를 활성화시킨다. 업무, 회의, 관광을 위한 외국인 승객과 방문객이 급증한다. 이 단계에서는 이미 통근권의 확대는 말할 나위도 없으며, 배후 지역인 중소도시와 농촌이 중심 대도시와 기능적으로 밀접히 통합된다. 이를 위해서는 효율적인 Hub-Spoke 형태의 연계교통망이 제대로 작동하여야 한다.

▌KTX와 광역 대도시권의 관계는?

KTX는 전국을 5개 광역권으로 나누어 각 지역에서 중추적인 교통 및 경제 역할을 수행하고 있다. 서울은 전국을 잇는 교통연결망의 시작이자 끝이며, 핵심이라 할 수 있다. 수도로서의 역할을 하는 서울을 제외한 4개 광역권의 변화된 모습과 미래상을 살펴보자.

● 대전-세종-청주 광역 대도시권

2015년 3월. KTX 호남선 1단계가 개통되었다. 2017년에 2단계로 완전 개통되면 오송 분기역은 KTX 경부선과 더불어 국토를 최단 시간에 연결하는 X자형 고속철도망의 결절지가 된다. KTX 골격의 연계로 전국 주요 도시는 대부분 한 시간 이내에 도달할 수 있다. 대전을 중심으로 한 중부권은 지리적 이점을 살려 첨단산업이 들어서고 지속적으로 인구가 늘어날 것이다. 대전은 주변에 기존의 대덕연구단지(R&D 특구), 정부대전청사가 위치하고 있다. 뿐만 아니라 행정도시인 세종특별시(2030년 목표인구 50만)에 정부부처, 연구기관 등의 공직자, 전문가들이 이주하면 화이트칼라를 대상으로 한 신규 주택이 늘어날 것이다.

대전 KTX 경제권은 대전-세종-청주를 포괄하는 대도시권이다. 국가 행정 및 첨단과학의 중심이 되었고 서울과 거리가 가까워 제2의 수도권 또는 신수도권이라 불릴 정도이다. 출발 시에 정치적 논란이 끊이지 않았던 세종시는 중앙정부 기능의 반쪽 이전으로 비판이 많았음에도 불구하고 국토 개편의 기폭제가 되었다. 정부 부처가 순차적으로 이전하여 KTX 경제권 중에서도 발전 잠재력이 가장 높다.

오송 첨단의료복합단지 및 생명과학단지, 다양한 부품 소재산업이 들어설 진천·음성 혁신도시, 충주 기업도시, 오창 과학산업단지를 비롯한 국제과학 비즈니스벨트가 대전 KTX 경제권의 주축이 된다. 향후 수도권과의 접근성이 좋아질수록 KTX를 이용한 통근 통행이 늘어나고, 대전(연구개발)-세종(행정)-오송(BT), 천안·아산(IT)-세종, 공주-세종 사이의 광역 출퇴근이 가능해질 것이다. 특히 주중에는 세종시 진출입을 위한 통행수요가 대전, 청주, 공주, 오송 등 주변 지역 도시나 전국 주요 도시 간에 일어나고 주말, 주초에는 이산가족이 만나기 위한 교통 혼잡이 일어날 전망이다. 따라서 오송-세종 간의 BRT 도입과 충청권의 4X2 간선도로망 구축 등으로 발 빠른 대응이 필요하다.

● 광주-목포-광양 광역 대도시권

2017년에 호남선 KTX(서울-목포)가 개통되면 인구감소율이 가장 높고 노령인구 비율이 급증하던 광주 KTX 경제권도 낙후 지역이라는 불명예를 벗게 될 것이다. 광주는 이미 '아시아 문화중심도시'로 지정되어 있지만 전통적으로 호남권은 21세기 녹색성장을 위한 풍부한 음식문화와 자연자원을 보유하고 있다. 장수 사회로 이행하면서 웰빙·건강식품의 수요가 폭발적으로 늘어나는 까닭에 전통 농수산품과 슬로푸드slow food를 브랜드화하여 고부가가치 산업으로 육성이 기대된다.

광주 KTX경제권의 배후 지역은 한국적 정서가 살아 있는 농촌과 섬이 많아 생태적으로 매우 건강하다. 호남이 지닌 특유의 산야와 풍광을 전원적 매력으로 하여 가족단위 도시민을 위한 관광농업 기회를 제공하고 청소년의 농산물 가꾸기, 농수산물 가공 등 체험 프로그램을 마련한다. 뿐만 아니라 도농연계 차원에서 녹색의료(양·한방)와 뷰티 라이프케어가 융합된 휴양관광 단지나 녹색 바이오(해양조류) 산업단지도 가능하다.

경제 활동인구의 감소를 방지하기 위해서는 광주의 광융합과 신소재 첨단산업 거점화와 함께 연구개발R&D 특구 지정이 이루어져야 하며, 나주 혁신도시의 농생명산업/신재생에너지 연구에 필요한 고급두뇌도 유치시켜야 한다. 목포권은 무안(도청소재지), 대불국가산업단지, 해남·영암 기업도시 조성과 다도해를 기반으로 하는 세계적 해양관광 산업을 정착시켜야 한다. 중국과의 교역 중심지가 되는 노력도 서둘러야 한다. 중국기업의 투자는 물론 중국 본토에서 U턴하는 한국기업도 서남해안의 선벨트sunbelt에 매력을 느낄 수 있도록 목포-보성 철도망도 조기 착공되어야 한다.

광양만권은 경제자유구역과 광양 컨테이너항, 여천산단을 중심으로 순천-여수-광양을 연계 통합하여 국제물류교역, 해양관광 연구중심 지역으로 육성한다. 나아가 남해, 사천, 나로도까지 확대하여 장차 항공우주산업의 클러스터를 조성해야 할 것이다.

● 대구-포항-구미 광역 대도시권

대구는 역사·문화자산이 풍부한 대경권의 중추도시로 1970~80년 대 산업화 시대의 섬유산업과 우수한 핵심 인재 공급을 통해 국가발 전을 주도하였다. 섬유산업의 쇠퇴에도 불구하고 지식과 창조성을 바 탕으로 교육, 의료, 비즈니스 서비스, 정보·통신, 첨단산업 등의 발달 로 지역 구심 역할에는 변함이 없다.

대구의 직접 영향권에 들어가는 경산·달성·칠곡은 R&D 및 제조 업, 영천·군위·고령·청도는 제조업 위주로 일자리가 분산 제공되고 있다. 따라서 광역경제권의 교통허브 기능의 원활한 수행을 위해서는 동대구역의 역세권 개발과 종합 환승센터를 세워야 한다. 더불어 지 역 간 연계를 위한 대구광역전철망(김천-구미-대구-경산-밀양), 대구-영 천 복선전철화, 대구-현풍 철도 신설이 필요하고 대구-광주를 잇는 동서철도 조기 건설도 검토되어야 한다.

대구KTX 경제권이라 할 수 있는 대구에서 한 시간 이내 거리에 대 구 사이언스·파크 첨단의료복합단지, 구미 하이테크밸리, 포항 블 루밸리 등이 소재하고 있다. 물론 슬럼화가 진행되고 있는 대구 도심 의 노후된 산업공단을 첨단 융복합산업단지로 리모델링하는 일도 중 요하다. 앞으로 많은 통근통행 수요가 발생할 구미와 김천 혁신도시,

경북 도청 신도시 간의 연계 강화도 해결되어야 할 급선무이다. 특히 1969년부터 한국 전자산업의 메카로 시작하여 섬유, 2차전지 등 업종 다변화를 통해 급신장하는 구미는 대구와 전철 연결로 접근성이 향상되어야 한다.

포항에는 종합제철과 관련 기업이 입지해 있으며 도시 전체가 '지붕 없는 박물관'이라 불리는 경주까지도 자동차 부품산업과 그린에너지산업이 집적되고 있다. 따라서 대구 KTX 경제권에는 장차 구미-대구-창원 및 포항-경주-울산으로 이어지는 첨단산업벨트가 형성되어 광역적인 연계교통망 체계의 구축을 요청하고 있다. 장차 중앙선에 KTX가 운행되어 서울-안동 소요시간이 80분 정도로 단축되면 안동 중심의 유교정신 문화권에도 관광객의 발길이 잦아질 것이다. 더욱이 경북 동해안인 울진, 영덕, 포항에도 해양자원 연구단지가 생겨나고 울릉도까지 초고속 위그선이 운항하면 KTX와 연계된 관광수요 (2011년 현재 30만 돌파)도 대폭 늘어날 것이다.

● 부산-울산-창원 대도시권

부산, 울산, 창원 등 동남권의 대도시들은 수도권에 버금가는 산업화 시대의 주역으로 경제규모는 대략 싱가포르 전체와 비슷할 정도로 급격히 성장하였다. 부산만 하더라도 그린벨트로 인한 택지 부족으로 말미암아 인접한 김해나 양산에 대규모 신규 아파트 공급과 인구분산이 이루어졌다.

세계 14위 광역 대도시권의 중심 도시이자 세계 5위 항만인 부산은 유라시아 시대의 주인공 역할을 할 글로벌 허브 항만으로서 지리적 이점을 살려야 한다. 이를 위해 동북아 포트 얼라이언스Port Alliance 구축을 통한 피더 네트워크Feeder Network를 강화해야 한다. 부산은 장차 중국 및 시베리아 횡단철도TCR & TSR의 기종점이면서 김해국제공항, 고속도로, KTX 등이 연계될 글로벌 통합교통체계가 구축되어야 싱가포르와 같은 국제적 중계항만 기능도 수행할 수 있다.

부산이 명실공히 KTX 경제권의 중추적 기능을 유지하려면 해운, 물류, 수산업을 기반으로 하는 국제 비즈니스 및 금융 산업의 거점으로서 미래의 고급 두뇌서비스 산업이 자리를 잡아야 한다. 또한 부산은 홍콩처럼 항만도시 못지않게 관광으로도 국제적 명성을 얻을 가능성이 크다. 북항 재개발과 산복도로의 재생에 의한 관광자원화, 대형 유람선의 정기 기항, 국제영화제PIFF, 첨단리조트 지구인 해운대와 전통적인 수산시장 등 쇼핑, MICE, 해양레포츠, 공연문화가 어우러진 세계적 수준의 복합 관광도시로서의 이미지를 발산해야 한다. 나아가 역사도시 경주, 공업도시 울산, 포항과 연결되면 시너지 효과를 더욱 발휘할 것이다.

부산 KTX 경제권은 한반도 동남해안을 따라 포항-울산-경주-부산-거제-창원-진주에 이르는 거대한 메갈로폴리스를 이루면서 대구 KTX 경제권과 통합될 수 있기 때문에 수도권에 대응할 수 있는 잠재력을 지니고 있다. 이러한 양극체제 전략은 미래의 산업배치와 함께 울산 미포, 창원 신평·장림, 양산, 사상 등 기존 공단을 기본으로 한 융·복합형 고부가가치 클러스터 조성 여부와 긴밀한 관련이 있다. 예컨대 울산과 거제의 조선 산업은 해양플랜트 및 지능형 선박으로, 창원의 기계 산업은 첨단 부품소재 및 로봇산업으로, 울산의 자동차 및 석유화학산업은 그린카와 재생에너지 산업으로 각각 고도화되어 동남권 첨단산업벨트가 새롭게 형성되어야 하기 때문이다.

미래 한국은 어떻게 변화할까? 국토의 모습은 어떻게 바뀌어 나갈까? 이를 정확히 예측하기는 대단히 어렵다. 특히 인구 감소시대를 조망하면서 국토의 미래상을 내다보는 일은 마치 강을 거슬러 헤엄치는 것만큼이나 쉽지 않다. 하지만 품격 있는 생활의 질을 유지하면서 좁은 국토를 넓게 쓰려면 KTX 등의 첨단 교통수단을 이용하여 시간을 단축하는 지혜가 필요하다.

21세기 초에 탄생한 KTX경제권은 3단계 진화를 거쳐 전 국토를 3~4개 광역대도시권으로 만들어나갈 것이다. 부산, 대구, 대전, 광주는 규모와 입지로 판단할 때 '국가경제의 지역분권화' 단위라 할 수 있는 광역대도시권의 중추도시다. 이들이 KTX 경제권의 광역적 중핵이며 지구촌 여타 대도시권과 경쟁하기 위해서는 각각 국제공항과 항만 그리고 MICE산업 관련시설 등 글로벌 수준의 인프라를 고루 갖추어야 한다.

2030년에도 수도권(서울 대도시권)은 여전히 한국을 대표하면서 국가 경쟁력을 이끌어갈 것이다. 그러나 그 영향권은 확장되어 춘천, 원주, 강릉은 물론 대전-세종-청주권의 상당 부분이 수도권에 기능적으로 흡수 통합될 가능성이 크다. 한편 부산-울산-창원권은 대구-포항-

구미권과 사실상 연담되어 수도권에 버금가는 초광역 KTX 경제권으로 떠오르고 국제적 위상도 높아질 것이다. 일본의 도쿄에 필적하는 오사카 거대도시권 양극체제와 유사하다. 광주-목포권은 전주-익산권과 기능적 연계를 강화하고 부산과 목포를 잇는 선벨트 KTX 남해안축을 장기적으로 보강하여야 수도권과 부산권에 대응하는 삼각구도를 구축할 수 있다.

KTX가 가져올 변화에 힘입어 전 국민이 공간/시간적으로 더욱 가까워지고, 경제혁명이 순차적으로 일어나 세계에서 가장 살기 좋은 나라 중의 하나가 될 것임은 분명하다. 그리고 그 중심에 우리 기술로 만든 자랑스러운 KTX가 있다는 사실도 분명하다.

10

KTX가
한국의 미래가 되려면

800년 전, 칭기즈 칸과 그 후예들은 역사상 가장 큰 제국을 세웠다. 몽골족이 대제국을 세운 바탕은 여러 가지이지만 그중 가장 핵심은 '말'에 있었다. 초원과 마을, 산과 도시를 바람처럼 질주하는 말이 없었다면 칭기즈 칸은 결코 대제국을 세우지 못했을 것이다.

1930년대 독일은 1차 대전에서의 패배로 국가 운영이 난맥에 빠졌고 경제는 파탄이 났으며 국민의 삶은 피폐의 절정에 달했다. 그때 등장한 사람이 히틀러였다. 그는 국가재건을 위한 여러 시책을 추진했는데 그중 하나가 아우토반이었다. 아우토반은 1920년대 바이마르공화국 시대에 출발했으나 전쟁으로 중단된 상태였다. 히틀러는 집권 후 국가사업으로 아우토반을 추진하면서 독일의 힘을 키워나갔다. 히틀러는 패했으나 아우토반은 세계 최초의 고속도로로 독일 부흥에 큰 역할을 담당했고 이후 전 세계에 건설되는 고속도로의 원형이 되었다.

1945년 8월 15일 무조건항복을 선언한 일본의 앞날은 어둡기만 했다. 역사상 처음으로 원자폭탄을 맞아 히로시마와 나가사키는 폐허가 되었고, 국민 모두의 삶은 전쟁으로 인해 지칠 대로 지쳐 있었다. 그러나 일본은 우수한 기술력으로 경제를 회복해 나갔으며 1964년 올림픽을 개최하는 저력을 보여주었다. 재미있는 것은 성화봉송 주자였던 사카이 요시노리는 1945년 8월 6일 원자폭탄이 떨어진 히로시마에서 태어났다는 사실이다. 일본은 그를 통해 전 세계에 일본의 극복정신을 보여주려 했던 것인지도 모른다. 일본이 올림픽을 통해 세계에 보여주려 했던 것은 또 있다. 바로 올림픽이 열리기 직전인 10월 1일 개통한 신칸센이다. 도쿄와 오사카를 잇는 시속 200km의 신칸센(552.6km)은 세계 최초의 초고속열차이자 일본의 기술력을 유감없이 보여준 상징이었다.

빠른 이동수단을 가진 국가가 인류 역사의 강자였다는 사실은 자명하다. 이동속도가 점점 더 고속화된다는 사실은 더 넓은 세계로 빠르게 갈 수 있다는 장점이면서도 한편으로는 두려움이기도 하다. 그러나 강자로 살아남기 위한 속도 경쟁은 21세기 들어서도 전 세계적으로 멈추지 않고 계속되고 있다.

2004년 4월 경부고속철에 이어 2015년 3월 호남고속철이 광주송정역까지 개통되었다. 2004년 출발한 KTX가 11년 만에 본궤도에 올라섰다는 뜻이다. 국토의 동서로 공평하게 고속이동의 편리함을 제공했고 우려했던 빨대효과는 나타나지 않았다. 그러나 전 국토 2시간대를 맞으면서 국토 전체가 하나의 도시권이 되어간다는 분명한 현실은 국민 대다수가 자각하지 못하고 있다.

KTX가 우리나라를 인류 역사의 강자로 거듭나게 하는 경제혁명의 시발점이 되기 위해서는 두 가지 과제를 풀어야 한다. 첫째, 지방 KTX 역세권을 지역 거점핵으로 개발하여 전국을 다핵의 도시국가로 변모시키는 것이고, 둘째, KTX를 통해 도시국가화된 한국을 아시아의 수위 도시권, 즉 '아시아 도심'으로 만드는 것이다. 이 과제들이 KTX 건설과 함께 추진될 때 우리는 고속철도가 가져다주는 진정한 혜택을 누릴 수 있다.

▌지구촌은 지금 고속철도 경쟁 중

국토의 크기를 떠나 지금 전 세계는 고속철도를 향한 경쟁에 뛰어들었다. 일본은 이미 세계 최초/최고 수준의 고속철도망을 갖추고 있지만 초고속 자기부상열차를 개발했고, 시속 500km/h로 오사카와 도쿄를 1시간에 연결하는 도쿄-오사카 메가경제권을 만드는 일에 심혈을 기울이고 있다. 중국은 고속철도 진출은 늦었지만 속도는 다른 나라와 비교되지 않을 정도로 엄청나다. 중국 전역을 1일생활권으로 연결하는 4종4횡 고속철도망을 2020년까지 완성한다는 목표를 세웠다. 베이징-텐진, 베이징-상하이는 이미 완성되었으며 향후 12,000km를 추가 건설할 계획이다. 베이징-텐진 구간은 5분 배차, 최고속도 340km/h, 운행시간 30분 등의 경이적인 '대륙' 시스템이다. 이로 인해

2개 대도시가 하나의 도시로 밀착되어 집적集積 경제적 효율을 누리는 메가도시가 되었다. 향후 베트남을 거쳐 싱가포르에 이르는 국제노선, TCR 등의 고속철도를 연결해 중국을 중심으로 세계경제를 재편하겠다는 구상을 갖고 있다.

보통사람들의 생각과 달리 미국에는 고속철도가 없다. 워낙 넓은 땅으로 인해 비행기 이동이 생활화되어 있기 때문이다. 또 자동차 강국답게 대부분의 이동은 승용차로 이루어진다. 그러나 미국은 원래 철도대국이었다. 예일대 역사학자 폴 케네디Paul Kennedy가 〈뉴욕타임스〉에 쓴 것처럼, 19세기 말에 중국인 노동자들을 데려와 동서대륙 횡단철도를 건설했으나 이제는 중국의 고속철도 기술에 의존할 정도로 고속철도 빈국으로 전락했다. 이러한 미국을 회복시키기 위해 오바마 대통령은 수백억 달러를 투자해 전국적인 고속철도 건설을 추진하고 있으며 긍정적 반응을 얻고 있다.

오바마, 530억 달러 고속철도 추진

오바마 대통령이 530억 달러(58조 원)가 투입되는 고속철도 구축을 추진한다. 초기 80억 달러의 예산을 투입한 뒤 향후 6년 간 순차적으로 추가 예산을 지원한다는 계획이다. 오바마는 의회에 이 같은 내용의 예산안을 제출하며, 의회가 승인하면 시속 400㎞의 고속철과 철도망 건설에 예산이 투입된다. 고속철도는 일자리 창출을 위한 광범위한 목표와 사회기반시설, 교육, 혁신에 대한 투자를 통해 미국 경쟁력을 향상시키기 위한 목표의 일환으로 분석된다. 앞서 오바마는 국정연설에서 향후 25년 내 미국인 80%가 고속철도를 이용할 수 있도록 하겠다고 공언했다.

– 〈뉴시스〉, 2011년 2월 9일

선진국만 고속철도를 추진하는 것은 아니다. 고속철도 건설에 뒤진 나라들도 한국, 일본, 프랑스, 독일 등 고속철도 선진국의 자본과 기술을 들여와 교통체제를 혁신시키기 위해 노력하고 있다. 남미의 대국 브라질과 떠오르는 신흥경제국 베트남이 가장 적극적으로 건설에 나서고 있다. 시간이 흐를수록 더 많은 나라들이 고속철도를 건설할 것이며 전 세계는 고속철도로 촘촘히 연결되어 바다가 가로막지 않는 한 지구촌 전체를 기차를 타고 빠르고 편리하게 여행할 수 있게 된다.

우리나라도 고속철도에 대한 열의는 다른 나라에 뒤지지 않는다. 2010년 KTX 대구–부산이 준공되면서 한국 최초의 서울–부산 고속철도가 완전 개통되었다. 서울에서 부산까지 2시간대로 접근이 가능한 교통체계가 갖춰짐으로써 '전국을 하나의 도시로' 연결하는 도시국가 시대의 첫걸음을 떼었다. 이를 구체화하기 위해 2010년 〈미래 녹색국토 구현을 위한 KTX 고속철도망 구축전략〉을 세웠다. 핵심 내용은 1)국가철도망을 X자형과 ㅁ자형의 최단거리로 구축하고, 2)향후 건설되는 철도노선을 250km/h급 이상으로 고급화하고, 3)인천공항철도를 활용하여 지방도시에서 인천공항까지 KTX 운행이 가능하도록 하여, 4)결론적으로 전국이 일상 통근시간대인 90분대로 연결되도록 한다는 것이다.

▌ 교외주택은 완벽한 거주지일까

평범한 사람들이 가진 소망 중 하나는 복잡한 도심에서 멀리 떨어진 교외에 멋진 전원주택을 짓고 사는 것이다. 노후의 삶에는 적합할 수 있으나 도심에 직장(사업체)을 가진 중/장년층에게는 사실 여러 측면에서 불편하다. 도시이론가들은 그동안 이상적 주거 환경으로 신봉되어 왔던 교외의 아담한 주택이 더 이상 환경친화적이지 못하다고 지적한다. 왜 그럴까? 삶과 교통이 밀접하게 연결되지 않으면 여러 측면에서 불편을 주기 때문이다.

교외로 나갈수록 대중교통에 접하기 어렵고, 그런 만큼 승용차 의존도가 높아지고, 장거리 통행이 늘면서 교통혼잡, 대기오염, 에너지 낭비 등 다양한 문제가 일어난다. 이러한 평면확산형 도시의 심각한 문제를 인식하고 기존 도심을 중심으로 밀도 있게 개발하자는 움직임이 뉴어버니즘New Urbanism이다. 이러한 움직임은 도시재생이란 이름으로 20세기 후반부터 선진국에서 급속히 추진되기 시작했다. 도시가 확산되면 녹지, 산지, 농지의 파괴가 필연적으로 일어난다. 그러므로 녹색 공간을 확보하기 위해 재개발, 재건축의 도시재생을 추진해야 한다.

뉴어버니즘은 대중교통중심개발TOD을 제안한다. 학자들은 도시 교통문제의 핵심은 도로용량이 아니라 대량수송이 가능한 대중교통과 효율적인 정책이라 주장한다. 따라서 철도, 지하철 등 대중교통 중심지를 개발해 도로교통을 최소화해야 한다. 우리나라에서 TOD형 개발은 대도시를 중심으로 철도역세권 주변을 개발하는 방식으로 이루어졌다. 하지만 KTX와 지하철이 늘어나고 버스중앙차로제가 확대되면서 대중교통의 수준도 지하철의 단일, 2교차, 3교차 이상의 역세권으로 차등화하는 현상이 생겨났다. 버스중앙차로제와 결합하여 다양한 대중교통 서비스를 가진 교차역세권도 생겨났다.

TOD 이론을 적용한 KTX 역세권 개발은 느리지만 그 효과는 반드시 나타난다. 도쿄에 있는 시나가와品川 복합환승역은 1일 이용인구가 우리나라에서 가장 큰 서울 강남역의 5배에 달하는 100만 명에 이른다. 복합 개발된 역의 초고층빌딩 안에 쇼핑센터와 호텔, 오피스, 주거가 함께 있다. 미국이 고속도로를 통해 초일류국가로 성장했다면 일본은 초고속철도망과 역세권 개발을 통해 경제대국으로 성장했다.

시나가와 역의 수익 일부는 역세권에서 발생한다. 역세권에 대한 효과적인 개발 없이 노선만 건설하면 철도의 지역경제 기여도는 크게 줄어든다. 우리나라의 KTX 역세권 개발은 일본과 비교해 상당히 아쉬운 점이 많다. 서울역에서 15분밖에 떨어지지 않은 광명역은 환승 주차장만 덩그러니 있지 역세권이 창출되지 않았다. 민자 역사가 만들어진 용산역과 서울역은 다행히 역세권 효과가 서서히 나타나고 있다. 그럼에도 100만의 유동인구를 확보한 시나가와역과 비교하기에는 부족하다. 현재 건설된 수도권 외의 KTX 역세권도 개발이 미미하고 주변 도시에서 접근하기도 여의치 않다.

우리는 일본 나고야역 역세권과 프랑스 유라릴 역세권의 성공을 벤치마킹할 필요가 있다. 나고야역은 사업자에게 900% 이상의 용적률과 기반시설 건설비용을 지원해 민간개발을 성공적으로 이끌었다. 유라릴은 릴시의 쇠퇴하는 전통 섬유산업을 대신하여 고속철도역에 전시, 연회, 비즈니스 등 서비스산업을 끌어와 도시경쟁력을 확보했다. 모두 중앙정부, 지자체, 철도운영기관 등 관련 기관의 공동 노력이 큰 역할을 했다. 우리 역시 KTX가 국민의 사랑받는 발이 되고 KTX역을 중심으로 지역경제를 활성화시키기 위해서는 전략적인 역세권 개발이 이루어져야 한다.

▌지역 거점을 어떻게 키워나갈 수 있을까

우리나라의 고속철도는 2004년 개통 이후 사람과 물자를 실어 나르며 가파른 성장세를 그려나가고 있다. UIC(세계철도연맹)에 의하면 2007년 KTX 이용객수는 100억 인-km를 달성하면서 세계 4위가 되었으며, 2014년에는 226.3억 인-km를 기록했다. 향후 2015년 호남선 KTX 개통과 전국을 잇는 고속철도망이 완성되면 이용객수는 훨씬 더 많아질 것이다. 그러나 현재 추진되고 있는 KTX 역세권 개발은 일반철도나 도시철도 역세권 개발과 그 모양새가 다르지 않다.

세계의 광역경제권과 경쟁하기 위해서는 KTX 역세권은 점적인 개발에 한정되어서는 안 되며 면적으로 광역경제권 구상과 연결되어야 한다. 이명박정부의 지역발전 핵심전략은 5+2 광역경제권의 공간적 틀에서 KTX 경제권을 개발하는 것이었다. 노무현정부의 지역균형정책이 수도권 규제를 강화하고 지방에 혁신/기업도시를 건설하는 등 토지이용에 중점을 두었다면 이명박정부는 철도 등 친환경 교통시설을 바탕으로 지역발전을 이끌었다. 박근혜정부의 도시개발은 '10+알파 중추도시권 육성전략'이 핵심이다. 선택과 집중을 통해 각 권역의 성장을 이끌 거점을 육성하고, 도시재생을 통해 자족기능을 한다. 10+알파 전략은 노후화된 원도심과 쇠퇴 지역을 정비해 지역산업을 활성화하고, 유/무형의 지역자산을 보호하며, 원주민의 재정착을 유도해 도시공동체를 튼튼하게 하는 것이다. 이러한 차원에서 거점 도시별로 KTX 역세권이 큰 몫을 한다.

KTX 경제권은 KTX 역세권과 직결된다. 효과적인 KTX 역세권을 개발하기 위해서는 첫째, 기존의 역세권 개발과 다른 방식을 취해야 한다. 우선 KTX 역세권의 면적을 일반역의 500m보다 더 넓혀야 한다. 이는 고속철도가 지역 간 및 국가간 간선교통망으로 일상생활에서 통근/통학의 목적보다는 고차원의 비즈니스와 상업, 여가 활동에 필요한 교통결절점이기 때문이다. 특히 고속철도역이 광역경제권과 연결되기 위해서는 대중교통으로도 접근할 수 있는 2~5km를 KTX 역세권으로 설정하여 체계적으로 개발해야 한다.

둘째, KTX 역세권이 광역경제권과 연결되기 위해서는 생산과 교류기능을 갖춘 복합적 고밀개발이 되어야 한다. 현재의 KTX 역세권 개발은 주로 비즈니스나 상업 중심이다. 그러나 이 기능 외에도 생산과 소비, 주거가 복합되어야 한다. 뿐만 아니라 KTX역이 광역경제권의 관문이 되기 위해서는 역에 가까울수록 교류와 업무, 상업기능을, 멀어질수록 주거와 첨단산업이 융합되도록 차별화해야 한다.

셋째, KTX역세권 개발은 도시규모별로, 광역권역별로 주된 기능을 나누어야 한다. 서울과 부산은 국제교류/상업/업무를 주된 기능으로 개발해 뉴욕, 도쿄, 파리 등 대도시와 경쟁해야 한다. 반면 중소도시나 미개발지에 정차하는 고속철도역은 주거와 함께 자족적인 도시로 성장할 수 있도록 첨단산업을 유치할 필요가 있다.

넷째, KTX 역세권 개발을 광역경제권과 연결하기 위해서는 KTX역 중심의 네트워크형 교통체계를 구축해야 한다. KTX 역세권을 단순히 호화롭게 개발하는 것만으로는 세계 거대도시들과 경쟁할 수 없다. 광역경제권별로 고속화철도, BRT, 버스, 도시철도 등을 편리하게 연결하는 교통망이 반드시 있어야 한다.

▌ 전국을 하나의 메가시티리전으로

21세기 들어 글로벌화가 가속화되면서 국가보다는 도시권 경쟁의 새로운 모습이 나타나고 있다. 세계적으로 메가시티리전(광역경제권: MCR)이 강력히 대두되고 있다. 동아일보 미래전략연구소는 〈미래의 경쟁력 메가시티〉에서 MCR을 '행정적으로는 구분이 되어 있으나 경제 등 기능적으로 연결되어 있는 지역'으로 규정하였다. 이 개념은 선진국은 물론 신흥국에서도 화두가 되고 있다. 세계 각국은 단일 대도시 중심 성장모델에서 벗어나 광역경제권 안에서 다핵화된 도시구조를 육성하고 그들 간의 연계를 통한 시너지 창출을 추진하고 있다.

MCR은 경제적 투입요소와 시장을 동시에 보유함으로써 충분한 임계 구조를 가지고 있는 지역이다. 또 글로벌 경쟁에서 독자적 위상을 기반으로 경쟁이 가능하다. 이것이 바로 MCR 육성이 국가경쟁력의 핵심으로 대두되는 이유이다.

동아일보와 모니터그룹이 평가한 전 세계 20대 MCR 경쟁력은 다음과 같다.

전 세계 20대 MCR 경쟁력 순위

구분	NO	MCR	평가점수
Global Top	1	뉴욕권	5.25
	2	런던권	5.12
선두그룹	3	도쿄권	4.59
	4	LA권	4.50
	5	란트스타트권	4.42
	6	파리권	4.34
	7	싱가포르권	4.27
	8	시카고권	4.24
	9	라인-루르권	4.00
	10	오사카권	3.89
잠재적 선두그룹	11	경인권	3.63
	12	상하이권	3.31
	13	베이징권	3.23
후발그룹	14	부울경권	2.91
	15	모스크바권	2.77
	16	멕시코시티권	2.76
	17	리우권	2.64
	18	상파울로권	2.52
	19	뭄바이권	2.39
	29	콜카타권	2.30

출처 : 동아일보(2009.6.16) 메가시티 미래의 경쟁력.

이 표에서 보듯 Global Top인 뉴욕권과 런던권은 경제적 번영, 장소 매력도, 연계성의 전 영역에서 고른 경쟁력을 지니고 있다. 8개 선두그룹 중에서 싱가포르와 란트스타트는 작은 규모에도 불구하고 뛰어난 연계성을 기반으로 뉴욕과 런던권을 위협하는 경쟁력을 지니고 있는 것으로 나타났다. 파리권은 산업 클러스터 미흡으로 경쟁력이 낮았는데 이 문제를 극복하기 위해 그랑파리 계획을 발표했다. 우리나라의 경인권과 일본 오사카권은 경제적 번영 수준에 비해 낮은 연계성으로 인해 2순위 그룹으로 밀려났다. 후발 그룹인 부산(울산), 멕시코시티, 상파울로, 모스크바 등은 도시경쟁력의 기본 조건이 아직 낮은 수준으로 평가되었다.

모니터그룹은 세계 20대 MCR에 선정된 경인권과 부울경권을 대상으로 MCR 발전 전략을 제시했다. 경인권은 1)광역권 연계성을 강화해야 하며, 2)혁신모델을 통한 클러스트 경쟁력을 개선하고, 3)선진화된 그린 인프라를 구축하며, 4)통합적 광역 거버넌스를 구축할 것을 제안했다. 부울경권의 발전 전략으로는 1)부산을 중심으로 광역권 내 역할을 재정립하고, 2)단계적 광역협의체를 운영할 것을 제안했다.

세계적인 도시권 경쟁에 대응하기 위해 우리나라에서도 여러 주장이 제기되고 있다. 한반도를 남부권, 중부권, 북한권의 3개 메가시티로 나눠 권역의 수를 줄이는 대신 크기를 늘려야 한다는 주장이 있는가 하면, '전국을 하나의 도시'로 묶는 초광역적 메가시티 전략도 제시되었다. 수도권의 범위에 서해안권 전체가 포함되어야 한다는 의견, 호남권역을 핵심 거점으로 발전시키는 것이 21세기형 국가 신성장축에 대단히 중요하다는 논지도 있다.

현 단계에서 어떤 주장이 가장 타당한지 결론을 내리기는 어렵다. 한 가지 분명한 사실은 3대 권역권, 전국을 하나의 도시로, 수도권의 확장, 호남−제주 연결 등 그 어떤 방법이라 하여도 그것을 실현 가능하게 하는 것은 고속철도라는 사실이다. 고속철도는 정치적, 문화적, 지역적 차이를 해소시키면서 전 국토와 국민을 하나로 통합하는 데 가장 기초적이면서도 가장 큰 힘을 발휘하는 도구가 된다.

우리나라의 KTX는 최고시속 430km까지 낼 수 있고, 실제 운행속도가 350km만 되어도 전국 어디든 90분 내외에 갈 수 있다. 2020년 KTX망이 순조롭게 건설되면 우리나라 전체가 하나의 메가시티국가로 새로이 탄생하고 규모와 기능면에서 외국의 대도시권에 비해 손색이 없게 된다. 행정구역은 존재하지만 지역 개념은 사라지게 되는 것이다. 수도권은 도심 역할을 하며, KTX 역세권을 중심으로 형성된 지방 거점도시는 부도심 역할을 한다. 수도권과 비수도권의 갈등은 최소화되고, KTX역을 가진 거점도시들이 종횡으로 연결되면서 규모의 경제에 따른 메가시티 국가의 경쟁력이 최대화 될 것이다.

전국을 하나의 메가시티리전으로 구축하기 위해서는 KTX역을 중심으로 3km 내에 콤팩트한 지역거점형 비즈니스 중심도시를 여러 개 만들어야 한다. 역 사이를 이동하는 데 걸리는 시간이 전체 네트워크에서 최대 2시간 미만이기 때문에 만약 업무시설이 역에 가까이 있다면 거리에 구애받지 않고 하루 몇 차례씩 역을 오가며 업무가 가능하다. 예컨대 경부선과 호남선이 분기하는 오송역은 전국을 60분 내외에 오갈 수 있기 때문에 오송과학단지와 함께 세종시, 대전을 잇는 과학비지니스 벨트의 중심도시로 건설할 수 있다.

동해안 거점도시는 향후 북극항로가 열리면 새로운 항로에 따라 형성될 환동해안 경제권의 중심이 되어 남북, 일본, 러시아, 중국, 북극해 국가와의 경제교류의 핵으로 거듭난다. 서해안 거점도시는 중국경제의 성장과 함께 환황해안 경제권의 중심이 되어 남북, 중국과의 경제교류가 활성화된다. 남해안 거점도시는 미국을 포함한 환태평양 경제권 및 일본의 큐슈지역과 연계하여 형성될 한일 메타경제권의 핵이된다.

▌ 대한민국을 '아시아의 도심'으로

우리나라의 경제규모는 세계 15위를 오르내린다. 하지만 1인당 국민소득으로 보면 인구 4천만 이상의 국가 중 세계 8위, 아시아 국가 중 일본에 이어 2위이며, 실질구매력지수를 감안하면 일본과 거의 차이가 나지 않는 선진국가라 할 수 있다. 인구밀도는 세계에서 10위권에 해당되는 1km^{2}당 493명에 이른다. 인구 4천만 이상의 나라 중 인구밀도가 우리보다 높은 나라는 방글라데시 밖에 없다. 즉 대한민국은 경제규모, 1인당 GDP, 인구규모, 밀도를 감안할 때 아시아 초일류의 공간 집적 경쟁력을 가진 나라이다.

이외에도 우리나라의 성장은 여러 분야에서 눈부시다. 국제적 위상

변화를 대변하듯 서울의 국제금융경쟁력은 2012년 세계 9위로 2010년 24위에 비해 무려 15단계가 상승해 아시아에서 홍콩, 싱가포르, 상하이, 도쿄와 함께 최상위권을 유지하고 있다. 외국인 관광객 수도 나날이 증가해 2014년 13,909천 명을 기록했다. 중국인들은 제주도에, 일본인들은 부산 해운대에 집을 사고, 일본 소프트뱅크는 동남권에서 데이터센터를 찾고 있다. 추운 겨울에는 동남아 사람들이 겨울을 체험하기 위해 한국을 찾고, 더워지면 바다를 즐기려고 몽골 사람들이 한국으로 몰려온다. 유럽과 미국 등에서도 청년층과 노년층의 방문이 꾸준히 늘어나고 있다.

글로벌화가 더욱 가속화되면서 각국은 세계의 자본과 고급인력을 끌어들여 글로벌 경제 중심지를 자국 내에 만들기 위한 메가시티 경쟁에 돌입했다. 특히 아시아에서는 홍콩과 싱가포르 같은 작은 도시국가로는 경제를 더 이상 활성화시키기 어렵다는 사실을 깨닫게 되었다. 일본은 시속 500km가 넘는 자기부상열차를 개발해 우리나라 남한 길이에 해당되는 도쿄-오사카를 1시간에 연결해 하나의 도시로 통합하려 한다. 중국 역시 고속철도를 이용해 116km 떨어진 베이징-천진을 30분에 연결해 두 도시를 이미 통합했다. 여기에서 그치지 않고 상하이를 5시간에 이어주는 고속철도를 놓아 한반도 전체 길이보다 긴 1,300km를 하나의 도시처럼 만들고 있다.

시속 300km가 넘는 고속철도 등 초고속 친환경 교통수단의 발전으로 공간적 거리는 계속 좁혀지고 있다. 세계적으로 나타나는 이 현실 앞에서 우리는 무엇을 해야 할까? 단지 KTX를 놓았다는 사실에 만족

해야 할까? 근사한 기차역 건물 몇 개를 지었기에 할 일은 다 끝난 것일까? KTX 경제혁명은 사실 이제 겨우 첫 걸음을 떼어놓았다고 할 수 있다.

남한 전체를 아시아의 새로운 거대 도심으로 변모시킬 비전을 세워야 한다. 그러한 징후는 이미 여러 곳에서 나타났다. KTX 덕분에 충청권이 수도권의 통근권으로 편입되었고, 전국이 하나의 도시처럼 기능하고 있다. 김포에 셔틀공항이 생기면서 서울, 도쿄, 베이징을 포함한 아시아 대부분의 도시가 하나로 묶였다. 아침 일찍 한국에 도착해 부산에서 일을 보고 저녁에 자기 나라로 퇴근하는 아시아 1일생활권은 결코 불가능하지 않다. 한국은 홍콩과 싱가포르가 제공할 수 없는 넓은 공간과 고속철도를 지녔고, 일본과 중국이 따라올 수 없는 '밀도의 경제'를 가지고 있다. 한국이 아시아 도심이 될 수밖에 없는 경쟁력을 갖추고 있는 것이다.

도심은, 국가의 공공기능을 수행하고 비즈니스, 주택, 공원, 관광지 등이 좁은 공간에 밀집해 있고, 정보통신망을 비롯해 사방팔방에서 사람들을 실어 나르기 위해 거미줄처럼 촘촘하고 다양한 교통망과 대중교통을 갖춰야 한다. 이 조건을 감안할 때 한반도의 남쪽 전체를 아시아라는 초국경적 도시의 도심으로 만들 수 있다. 글로벌화는 세계의 중심을 아시아로 가져왔고 아시아는 정치, 경제, 문화, 사회가 잘 어우러진 새로운 거대 도심이 필요하다. 한국의 국제적 위상 변화는 아시아의 환경도심이라는 새로운 국가 비전을 꿈꾸게 한다. 이 비전을 현실화하기 위해서는 국토계획을 국제적으로 열린 시각에서 추

진해야 하고, KTX가 편리하고 빠른 일상 교통수단이 되어 아시아의
도심 한국을 서비스해야 한다.

11

KTX, 대한민국이 발굴한 최고의 기술브랜드

10,000원짜리 구스다운 패딩을 파는 동네가 있고 150,000원짜리 패딩을 파는 동네가 있다고 가정하자. 어느 곳이 살기 좋은 곳일까? 쉽게 대답할 수 없는 이 질문에 한 저명한 경제학 박사는 "만 원짜리 패딩을 파는 동네에는 절대로 살면 안 된다"고 충고한다. 덧붙여 5만 원짜리 패딩을 파는 동네는 '아주 살기 좋은 곳'이거나 '그저 그런 곳'이고, 100만 원짜리 패딩을 파는 동네는 '아주 좋거나 혹은 아주 나쁜 동네'라고 말한다. 그 이유는 무엇일까?

이른바 공간경제학Spatial Economics은 바로 위와 같은 현상을 연구하는 학문이다. 공간경제학은 미시경제학에 공간의 개념을 포함시켜 무엇을, 어디에, 어떻게, 왜 위치시키며 그 결과 어떤 현상이 일어나는지를 분석한다. 만 원짜리 구스다운 패딩을 파는 동네와 15만 원짜리 패딩을 파는 동네를 비교 분석하여 무엇을 어떻게 해야 할지 판단하게 해준다. 패딩을 고속철도로 바꾸어 생각하면 어떻게 될까?

고속철도가 있는 국가와 없는 국가, 고속철도역이 있는 도시와 없는 도시, 과연 그 둘의 차이는 무엇일까? 고속철도가 있다는 것은 '빠른 속력을 내는 기차를 가지고 있다'는 것 이상이며, 고속철도역이 있다는 것은 '고속철도가 정차하는 곳' 이상의 의미가 있다. 고속철도는 21세기를 이끌어갈 신성장동력 중의 하나이며, 고속철도역은 도시 재편과 발전의 근간이 되기 때문이다.

공간경제학에서 고속철도는 아주 중요한 역할을 한다. 고속철도는 국제화와 지방화가 동시에 진행되는 오늘날의 사회에서 글로컬라이제이션Glocalization 시대의 교통혁명, 지역혁명, 물류혁명을 이끄는 사회 시스템으로 자리잡고 있다. 그 징표로 세계 각국의 고속철도 기술개발과 수출경쟁이 치열해지고, 심지어 다른 나라의 철도 운영사업에까지 진출하려는 움직임이 활발하다.

이러한 현상이 최근 수년 사이에 크게 주목받게 된 배경에는 종래의 도시경제학과 지역경제학, 국제경제 이론이 공간경제학으로 대체하거나 보완되어야 한다는 시대적 요구가 있다. 이때 고려해야 할 요소는 많지만 그 중에서도 고속철도는 공간경제학을 가능케 하는 핵심 요소이다. 수송기술과 정보통신기술의 놀라운 발전은 수송비의 대폭적 절감(사람, 상품, 돈, 정보)을 가능하게 하고, 글로벌화(국경의 문턱을 낮춤)와 로컬화(도시 및 지역의 중요성을 높임)를 이끌어 세계경제 지도에 큰 변화를 일으키고 있다. 공간경제학이 세계경제 지도의 다이내믹한 변화를 보여준다면 수송기술의 대표주자인 고속철도는 세계 시스템 변혁의

엔진 역할을 한다.

▌우리가 풀어야 할 과제들

우리 사회는 지금 풀어나가야 할 많은 과제를 안고 있다. 이 과제들은 사실 우리만 갖고 있는 것은 아니다. 세계경제는 한 국가의 움직임에 따라 관련된 여러 국가들이 비슷한 방향으로 흐른다. 결코 고립된 섬이 될 수 없는 것이다. 이러한 커플링(동조화) 현상으로 인해 한국이 안고 있는 문제는 전 세계의 공통된 모습이기도 하다. 그렇다면 한국 나아가 세계가 현재와 미래를 위해 풀어야 할 숙제는 무엇일까?

과제 1 저출산 고령화사회

과제 2 성장력 저하(글로벌화와 지식시대의 대응 지체)

과제 3 악화일로의 국가와 지방의 재정문제

과제 4 환경·자원·에너지 문제

과제 5 심각한 격차(사회적·지역 간·산업 간·기업 간)와 지방 피폐화 문제

과제 6 국가의 정치·행정시스템의 기능 부전

과제 7 글로벌 금융위기 이래의 환율 불안

이외에도 여러 가지가 있을 수 있으나 이 7가지는 우리 국민이 힘을 합쳐 시급히 풀어야 할 과제이다. 그러나 어느 한 가지도 쉽지 않

다. 이러한 점에서 볼 때 일본은 '복구와 부흥'이라는 캐치프레이즈를 내걸고 공간경제학을 통해 누적된 문제와 새로 생겨난 문제들을 해결하기 위해 노력하고 있다. 이는 2011년 3월 동일본 대지진과 쓰나미, 후쿠시마 원자력발전소 사고 이후 탄력을 받았다. 미국의 오바마 정권이 그린뉴딜을 통해 산업을 혁신시키고 새로운 일자리를 창출하는 동시에 노후화된 사회 인프라를 복원시켜 지역발전을 추진하는 것도 같은 맥락이다.

이러한 국가정책과 혁신전략의 중심에서 고속철도가 국가의 미래 모습을 그리는 청사진이 되고 있다. 물론 고속철도가 모든 문제를 일거에 해결하는 도깨비 방망이는 아니다. 그러나 성장력을 끌어올릴 수 있고, 환경/자원/에너지 문제를 해결할 수 있으며, 지역 격차도 일정 부분 해소할 수 있다. 만능해결사는 아닐지언정 국가 발전의 신성장동력이 될 수 있음은 분명하다.

▌포용적 성장과 지역 균형발전이 모두 필요하다

한국경제는 1960년대부터 제대로 된 방향성을 갖게 되었다. 당시 경제정책의 목표는 한마디로 외화(달러) 부족을 해결하는 것이었다. 박정희 정권의 경제로드맵인 〈1980년대를 향한 공업입국 장기계획〉에 따르면 제1차 5개년계획(1962~1966년)은 수출제일주의와 공업입국을 기치로 내걸었으며, 제2차 5개년계획(1967~1971년) 중에는 수출기반이 다져졌다. 경제발전의 하이라이트는 제3차 5개년계획(1972~1976년)이었다. 당시는 미국의 지미 카터 민주당 정권 탄생으로 주한미군 철수압력이 가중되고 있는데다 국부를 창출할 수출산업을 키워야 하는 부담을 안고 있는 시기였다. 이때 정부가 내놓은 카드가 중화학 공업화로서 국방과 수출의 두 마리 토끼를 잡을 수 있는 정책이었다.

제4차 5개년계획(1977~1981년)은 경제강국 진입에 초점을 맞췄다. 산업합리화와 에너지 및 자원절약 정책이 대두되었다. 제5차 5개년계획(1982~1986년)은 모든 부분이 융성하는 국제 일류화로 그림이 그려졌다. 그러나 1979년 10.26으로 미완의 계획이 되고 말았다. 여기서 중요한 포인트가 중화학공업의 성장이다. 지난 40년간 한국경제의 버팀목이 되어왔고 지금도 그 동력을 상실하지 않았다. 중화학공업 정책은 제1차 오일쇼크(1973년), 제2차 오일쇼크(1979년)가 터졌을 때 다른 나라들이 에너지 효율화와 절약으로 나가는 것과 반대로 '고에너지 투입 산업시스템'을 갖추도록 유도하였다. 1990년대 말 외환위기를 1년 만에 극복하고, 2008년 국제 금융위기를 성공적으로 탈출한 배경에는 중화학공업이 큰 힘이 되었다.

그러나 지구온난화와 자원고갈이라는 전 지구적 문제가 터져 나오면서 저에너지 소비산업으로의 전환이 절실해졌다. 중화학공업이 경제의 발목을 잡기 전에 에너지 효율화를 서둘러야 하는 동시에 신성장 부문을 키워야 했다. 2008년 녹색성장이 발표된 것은 이와 같은 이유에서다. 녹색성장이 정부 주도로 시작된 이유는 규제성이 강한 '녹색'과 경제성이 강한 '성장'을 통합시켜야 했기 때문이다. 그러나 이는 정책의 출발점이 정부에 있다는 것이지 끝까지 정부 주도로 밀고 갈 수는 없다. 정부가 규제를 완화하고 성장을 이끌면서 민간 참여를 유도해야 한다.

지역 균형발전은 녹색성장의 성패가 달린 문제이다. 특히 신성장동력 발굴을 통해 지역 발전을 이끄는 것은 한국의 미래가 걸린 문제이다. 그러기에 지방 발전의 기초가 될 수 있는 핵심 경쟁력 거점으로서의 신산업 기지 조성 등을 포함하여 신성장동력 프로젝트를 추진했다. 새만금지구를 비롯한 신재생에너지 산업단지, 국제 과학비즈니스벨트, 바이오 중심의 첨단복합단지 등이 대표적이다.

예컨대 국제 과학비즈니스벨트는 행정복합도시와 대덕, 오송, 오창 등을 연결하여 기초과학기술의 육성과 학제간 연구를 통해 동북아의 첨단기술 중심지로 키운다는 계획이다. 신성장동력 거점 프로젝트가 성공하려면 지역의 인적·물적 자원을 최대한 활용해 광역적 차원에서 추진하되, 국가 차원의 지원을 아끼지 말아야 한다. '4+α 초광역경제권', '5+2 광역경제권'으로 요약되는 지역발전 전략은 녹색성장과 불가분의 관계를 가지고 있다.

이러한 의미에서 〈제4차 국토종합계획수정계획(2011~2020년)〉은 대단히 중요한 의미를 지닌다. 이 계획이 기후변화에 대처하고 저탄소 녹색성장을 이끌 수 있게 했다는 점, 글로벌 경쟁에 대응한 전략을 담았다는 점, 인구구조 변화와 KTX 시대의 본격화 등 다양한 사회·경제적 변화에 맞는 새로운 국토전략을 중시했다는 점을 주목해야 한다. 더구나 한반도에 국한되지 않고 동아시아까지 진출할 수 있는 터전을 마련했다는 데서 더 큰 의미를 찾을 수 있다.

녹색성장은 우리만의 전략이 아니다. 큰 정부와 작은 정부가 아니라 기능 위주의 정부를 만들기 위해 그린뉴딜을 들고 나온 오바마 정권은 웹2.0 거버넌스(소통 중시)와 녹색 성장산업을 골간으로 삼아 교육개혁과 의료개혁을 추진하고 있다. 그린뉴딜은 지속가능한 성장과 일자리를 창출하기 위한 국가혁신 시스템이다. 그리고 그 혁신의 가장 위에 전기자동차나 KTX와 같은 첨단 수송기관의 지원이 자리하고 있다.

▌KTX는 신성장동력의 핵심 중 하나

KTX 경제의 핵심은 허브앤스포크 체계에 있다. 이를 이루기 위해서는 몇 가지 문제를 풀어야 한다. 수도권 집중 심화와 지방의 요구가 증대하고 있다는 점이다. 사실 이 문제의 원천은 지방이 스스로 경제를 할 수 없다는 데 있다. 그런 차원에서 KTX가 지방경제 악화의 주요인이라고 주장하는 사람들도 있다. 그러나 이제는 KTX가 지방을 살리고 있다는 인식이 널리 퍼지고 있으며, 여기서 우리는 몇 가지를 짚어봐야 한다.

우선 KTX로 인한 빨대효과straw effect 문제가 있다. 빨대효과는 고속도로나 고속철도로 인해 빨대로 빨아들이듯 대도시가 주변 중소도시의 인구와 경제력을 흡수하는 것이다. 고속철도의 속도가 너무 빨라

모든 경제활동이 대도시로 집중되어 부작용이 속출한다는 지적이다. 정말 그럴까? 경부 KTX와 호남 KTX가 개통한 이후 부산, 대구, 광주, 목포 등의 지역경제가 개통 전보다 후퇴했을까?

우리보다 훨씬 먼저 고속철도를 개통한 일본의 경우를 살펴보자. 신칸센 효과에 대해 일본에서도 논란이 많았다. 효과가 크거나 미미하다는 등 의견이 분분했다. 그러나 지금 그 논란은 거의 사라졌다. 신칸센이 일본 경제 전체를 활성화하는 효과가 아주 크며, 지방분권과 자치가 정착되어 지방경제가 나아졌기 때문이다. 예를 들어 "오사카는 다쳐도 나고야는 살고(도요타 자동차의 존재)", "나가노는 시들어도 가루이자와(명물 휴양도시)는 번성"하고 있다. 도쿄 주변에도 도코로자와 등을 비롯하여 번창하는 사례들이 있다. 도쿄의 베드타운이기도 한 도코로자와는 세이부西武그룹이 만든 엔터테인먼트 파크와 철도개발로 각광을 받고 있다.

우리나라는 KTX가 고속도로와 경쟁한다는 점에서 일본과 다르다. 과연 비싼 고속열차를 이용하여 서울로 오는 쇼핑객이 얼마나 될지 의문이다. KTX가 개통되면 지방 사람들이 서울로 쇼핑을 하러 가기 때문에 지역경제가 침체될 것이라 우려했지만 그러한 현상은 나타나지 않았다. 오히려 지방에서의 국내/국제 행사가 더 많이 열려 지방을 방문하는 수도권 사람들이 더 늘었다. 빨대효과의 정반대 현상이 나타나고 있는 것이다.

IT와 물류의 발달로 KTX의 허브앤스포크 체계는 필연적이며 이미 이루어지고 있다. 이제는 KTX를 중심으로 한국식 경제사회 활성화

모델을 찾아야 한다. 예를 들어 첨단의료 복합단지를 들 수 있다. 왜 의료단지가 활성화 모델이 될 수 있는지를 4가지 측면에서 살펴보자. 첫째, 세계적·지역적 시각이다. 21세기 국가 목표로서 거의 모든 나라들에 공통되는 키워드의 하나는 '안전·안심·풍요'이다. 이를 만족시키는 분야가 의료이다. 의료는 대표적인 내수산업인 동시에 잠재력이 가장 높은 수출산업으로 커나갈 수 있다. 둘째, 이제 도시경쟁력이 국가경쟁력을 결정짓는다. 컴팩트시티, 메갈로폴리스, 클러스터링 등은 한결같이 도시경쟁력을 강조한다. 셋째, 의료는 정치·경제·사회가 어우러진 융합정책의 산물이다. 넷째, 의료는 연구기관, 대학, 기업이 함께 협력할 수 있는 분야이다.

일본 고베의 인공섬에 세워진 첨단의료단지는 간사이공항과 직접 연결되어 있다. 인공섬에 병원, 연구소, 대학, 외국기업 등 명실공히 복합단지의 면모를 갖추고 있다. 그렇다고 고베가 의료연구산업의 전체를 장악하는 것은 아니다. 교토대학, 도쿄대학, 게이오대학 등 주요 대학 연구소들은 각자의 장점을 발휘하며 고베와 협력한다. 또한 고베 의료단지가 도쿄~오사카에 이르는 신칸센 연장선의 끝점에 자리 잡음으로써 역할을 극대화하고 있다. 일본은 중앙헬스밸리와 Corridor(회랑)라는 개념을 도입했다. 도쿄~오사카 531km의 신칸센은 태평양벨트라 일컬어지며, 일본 산업의 동맥 역할을 해왔다. 우리는 일본 사례를 통해 KTX와 첨단의료단지가 어우러지는 새로운 경제벨트 건설이 가능하다.

▌ 글로벌 전쟁의 선봉에 KTX를 세워야

과거 개발시대에는 경부축(고속도로 및 철도)을 중심으로 경제개발이 이뤄짐에 따라 산업축이 집중되었다. 중화학공업단지, 전자공업단지의 경부축 집중은 당연한 현상이었다. 그러나 이는 지역 격차를 유발하여 국토 균형발전을 저해한 결정적 요인이 되었다. 시대는 바뀌었다. 세계적인 추세에 맞춰 녹색성장 정책이 추진되면서 새로운 성장축이 생겨나고 있다. 녹색축은 수도권과 충청지역을 잇고 전북, 전남으로 펼쳐지고 있다. 이 축을 중심으로 풍력발전, 태양광발전 등의 신재생에너지 산업이 새롭게 자리 잡기 시작했다. KTX는 여기서도 중대한 역할을 한다. 환황해권 경제의 활성화와 수출거점으로서 서해안 지역의 경제를 이끌고 있다. 제4차 국토종합계획이 마무리되는 2020년이 되면 한반도의 산업지도는 완연히 달라질 것이다.

KTX는 여기에서 멈추지 않는다. 북한과 중국, 러시아, 몽골이 에워싸고 있는 중국 동북지방은 KTX에게 또 하나의 거대한 기회이다. 이 지역이 동북아 국가들의 물류거점으로 성장하고 있기 때문이다. 이른바 만주노믹스의 시대가 열리고 있는 것이다. 남북한 관계에 따라 시간 차이는 있겠지만 KTX 경제권의 확장은 기정사실이다.

이를 위한 기초는 KTX의 확장과 기술개발이다. KTX는 더 빠르고, 더 안전하고, 더 쾌적한 고속열차로 거듭나야 하고, 지역경제를 활성화시키는 구심점 역할을 해야 한다. 반면 KTX가 현재에 머무른다면 그동안 쌓아올린 눈부신 금자탑이 빛을 잃을 수도 있다. KTX를 한국을 상징하는 기술로 자리매김할 때 글로벌 경쟁에서 우리는 선두로 나아갈 수 있다. KTX는 고속열차를 넘어 그 나라의 기술개발과 경제 혁명의 바로미터인 것이다.

친환경적인 고속 교통기관으로 철도가 새로이 주목받는 가운데 일본의 철도기술, 신칸센은 과연 세계에 널리 퍼져나갈까? 신칸센은 1964년에 개통되었다. 도카이도(동해도) 신칸센은 도쿄올림픽에 맞춰 운행을 시작했으며 1986년까지 시속 210㎞로 운행했다. 가히 세계 고속철도의 선구자였다. 지금은 노선마다 최고속도가 다르다. 2011년 도호쿠東北에 등장한 신고속철도는 시속 320㎞로 운행한다. 산요 신칸센(신오사카~하카다)은 시속 300㎞이며, 다음은 도호쿠 신칸센(우쯔노미야~모리오카)으로 시속 275㎞이며, 그 뒤를 이어 도카이도 신칸센(도쿄~신오사카)이 270㎞로 달리고, 큐슈신칸센(신야 쯔시로~가고시마주오)은 260㎞로 달린다. 신칸센은 등장 이후 반세기만에 100㎞ 이상 빨라진 것이다. 신칸센의 성공은 유럽 선진국들을 자극했다. 프랑스는 1981년 260㎞인 테제베를 개통했으며 지금은 시속 320㎞로 올렸다. 독일에서는 ICE가 320㎞로 운전 중이다. 현재 세계 최고속도는 중국이 가지고 있다. 베이징~텐진을 350㎞로 달린다. 속도가 증가하면 시간을 절약할 수 있고 지역경제를 활성화시킨다.

주행시험에서의 속도경쟁은 더욱 치열해지고 있다. 테제베는 2007년 시속 574.8㎞를 기록하여 1996년 JR도카이가 낸 443㎞보다 무려 100㎞/h 이상 빠르다. JR도카이가 2003년 자기부상열차 '리니어 모터카linear motor car'를 사용하여 올린 581㎞의 세계기록에 육박하는 속도다. 속도 경쟁이 치열한 이유는 철도가 비행기와 자동차보다 온실가스 배출이 적고 친환경적이어서 경제혁명의 견인차가 될 수 있기 때문이다.

21세기는 '철도복권復權의 세기'이다. 오바마 대통령은 미국 13개 지역에서 고속철도를 건설하겠다는 방침을 발표했다. 주로 자동차와 비행기로 이동하는 미국에서 첫 전국 규모의 고속철도 망이 된다. 브라질과 인도, 베트남 등에서도 고속철도를 도입할 계획이다. 전 세계적으로 고속철도는 거스를 수 없는 대세이다. 그 거대한 흐름에서 KTX가 한국의 자랑스러운 상징으로 우뚝 설 때 진정한 경제혁명, 인간을 위한 경제혁명이 이루어질 것이다.

제4부

철도와
함께하는
미래

12

새로운 고속철도의 등장
SRT

수서고속철은 경부선 서울~시흥 구간의 선로용량 부족에 대응하고, 수도권 동남권의 낙후된 철도이용 여건을 개선하기 위하여 2000년대 중반 구상된 노선이었다. 수서~평택 구간 61km 신설노선과 해당 구간의 3개 역(수서역, 동탄역, 지제역)을 기반으로 ㈜에스알의 고속열차 서비스가 이루어지고 있는 것이다. ㈜에스알 사업의 특징은 정부가 허가한 22편성의 고속열차 외에 자체적 판단으로 10편성의 차량을 추가 구매하여 사업을 시작한 것이다. 게다가 철도차량 정비는 물론 선로 등 철도시설에 대한 유지관리를 모두 기존 사업자이며, 41%의 주식을 보유한 최대 주주인 철도공사에 위탁하고 있다.

㈜에스알의 고속철 서비스는 경부축으로는 수서역~부산역, 호남축으로는 수서역~광주송정역과 수서역~목포역 구간의 3개 자체 역(수서역, 동탄역, 지제역)과 14개 공용 역을 기반으로 이루어지고 있다. 운용하

고 있는 차량은 총 32편성이며, 하루 편도기준 경부선 40회, 호남선 20회의 서비스를 제공하고 있다.

사업내용 및 범위

사업구간 및 거리	구 간	거리(Km)	최소 소요시간	중간 정차역
	수서-부산	399.9	2시간09분	대전·동대구
	수서-광주송정	289.6	1시간27분	익산
	수서-목포	356.4	2시간07분	익산·광주송정·나주
사업내용	• 철도운송사업과 연계운송사업, 관광사업 등 부대사업			
열차운행	• 일일 편도 60회 (경부선 40,호남선 20)			

전용선 거리	• 수서역~동탄역~지제역~평택분기점 (60.9km)
	  – 율현터널 (50.3km, 개착포함 52.2km)
	  – 통복터널 (3.1km, 개착포함 4.6km) * 수직구 17개			

정차역	• (신설역) 수서·동탄·지제 * 공용역 14개 – 경부선 : 신설역+공용역(8) 호남선 : 신설역+공용역(6)			

▌성공적인 시작

2017년 한 해 동안 SRT를 이용한 인원은 총 19,466,731명으로 집계되었다. 이를 일평균으로 환산하면 53,334명으로 당초 예상했던

2017년 SRT 이용인원

52,660명보다 약 1.3% 많았다. 좀 더 자세히 살펴보면, 경부축은 일평균 40,565명이었으며, 호남축은 일평균 12,769명으로 나타났다.

분석 대상인 2017년을 월별로 살펴보면 이용인원은 지속적으로 상승했다는 것을 알 수 있다. 1월 47,615명에 머물렀으나 4월 5만 명을 넘은 후 계속 증가하는 현상을 보이는 점은 내연 역시 이용객이 증가할 것이라는 밝은 전망을 가능하게 하고 있다.

2017년 SRT 이용인원

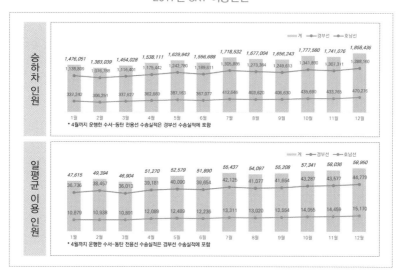

▌ 보다 많은 고속철 이용을 유발하다

2017년 KTX 이용실적은 전년도와 비교하면, 경부·호남 축에서 일평균 27,648명 감소하여, 연간 총 10,233,382명이 감소한 것으로 나타났다. 반면 경전선·동해선·전라선의 이용자는 일평균 14,575명 증가하여, 연간 총 5,285,249명이 증가하였다. 종합하면 KTX 전체 이용자는 일평균 13,073명 감소하였고 연간으로는 총 4,948,133명이 감소하였다.

KTX 이용인원 변화

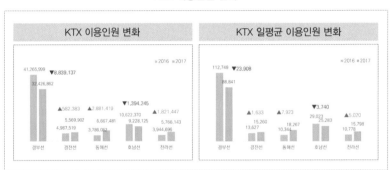

경부축·호남축 KTX 이용 감소는 공급 감소와 직접 관련이 있다. 경부축의 경우 2016년 12월 9일 이후 이전에 비해 931석의 KTX를 주중 20회, 주말 17회 운행을 줄였으며, KTX-산천은 주중 6회, 중련편성도 주중 2회, 주말 6회 줄여 좌석공급이 크게 감소하였다.[1] 호남선의 경우 KTX는 주중 8회, 주말 12회 증차된 반면, KTX-산천은 주중 14회, 주말 8회 각각 감차되었고, 중련편성 역시 주중 2회, 주말 10회

----

1 평일(월~목) 21,524석/일 좌석공급 감소, 주말(금~일) 20,183석/일 좌석공급 감소
　평일=-(20×931(KTX))-(6×363(KTX-산천))-(2×363(KTX-산천)×2(중련))=-22,250
　주말=-(17×931(KTX))-(6×363(KTX-산천)×2(중련))=-20,183

감차되었으나 총 좌석공급량은 약간 증가하였다.[2] 한편 전라선은 평일과 주말 모두 1일 KTX 6회, KTX-산천 2회가 증가하였고, 경전선은 KTX 주중 6회 주말 2회, KTX-산천 주말만 4회 증가하였으나 중련은 주중 주말 각각 2회 감소하였다. 마지막으로 동해선은 KTX 주중 2회 주말 2회, KTX-산천은 주중 2회, 주말 4회 증차되었다.

KTX 차량의 운용변화는 노선별 좌석공급에 영향을 주게 되었다. 즉, 좌석 공급이 하루 평균 약 7,000석이 감소하였으며, 실제 이용자 감소가 13,073명으로 나타났다. 결국 공급 감소 역시 KTX 이용자 감소에 영향을 주었음을 알 수 있다.

수서고속철 개통 후 KTX 차량 운용변화에 따른 노선별 좌석공급량 변화

구분	경부(SRT)	호남	전라	경전	동해	KTX 계	SRT	총공급
주중	−22,250 (18,450)	914	6,312	4,450	2,588	−7,986	26,650	18,664
주말	−20,183 (22,550)	1,008	6,312	2,998	3,314	−6,551	30,750	24,199

하지만 SRT와 KTX의 실적을 종합한 전체 고속철도 이용자 수는 증가한 것으로 나타났다. 먼저 경부·호남 고속철도 이용자는 2016년에 비해 일평균 22,927명, 연간 총 8,233,884명이 증가한 것으로 나타났다. 여기에 KTX만 이용해야 하는 경전선·동해선·전라선 고속

---

2 평일(월~목) 914석/일 좌석공급 증가, 주말(금~일) 1,008석/일 좌석공급 증가
평일=+(8×931(KTX))-(14×363(KTX-산천))-(2×363(KTX-산천)×2(중련))=914
주말=+(12×931(KTX))-(8×363(KTX-산천))-(2×363(KTX-산천)×2(중련))=1,008

철도 이용인원이 전년대비 일평균 14,547명 증가하였으므로 이들을 합산하면, 고속철도 전체 이용자 변화를 알 수 있다. 결과는 일평균 37,502명, 연간 총13,509,133명이 증가한 것으로 분석되었다. 전체적으로 1일 공급량 증가가 25,000명에 이르지 못하였음에도 불구하고 이루어낸 결과로는 매우 긍정적이라 할 수 있다. 특히 경부선의 경우, KTX와 SRT를 합한 주중 좌석공급량은 낮아졌음에도 이용자는 14,518명이 증가한 것으로 보아, ㈜에스알의 수서역을 통한 수도권 동남권 수요가 창출된 것이라고 해석할 수 있을 것이다.

경부선·호남선 이용인원 변화

13

철도강국으로
가는 길

철도는 지구촌 모든 나라에서 중요한 비중을 차지하는 과제이다. 국민의 삶에 큰 영향을 끼치고, 기술 선진화에 이바지하며, 경제발전을 이끌어 국가경쟁력을 높일 수 있기 때문이다. 전 세계 200여 나라(이 숫자는 항상 변한다) 대부분에는 철도가 있으며 국민의 이동수단으로 널리 사랑받고 있다. 중동의 석유부국 쿠웨이트와 카타르에는 불과 10여 년 전만 해도 철도가 없었으나 대중교통 편의와 국가경쟁력을 높이기 위해 대대적인 철도건설 사업을 시작했다. 철도가 대중교통의 대명사라 하여 석유부국이나 선진국에서 외면 받는 것은 절대 아니다.

미국은 자동차와 비행기의 나라이지만 철도 길이는 세계 1위로서, 26만km가 넘으며 이는 철도대국인 중국, 인도, 러시아, 캐나다를 합친 것과 비슷하다. 비록 현대에 들어 이용객의 숫자가 현저히 줄었지만 미국 철도는 서부개척 시대에 가장 중요한 교통수단이었다. 철도가 없었다면 미국이 강대국으로 올라서는 데 더 오랜 시간이 걸렸을 것이다.

세계 주요국의 철도 현황(2009~2010년)

국 명	철도 개시일	철도 총길이(km)	연간이용객	비 고
대한민국	1899		10억 2천만	2014년
일본	1872	2만 71	86억 4천만	
북한	1899(1906)	5,214	3,500만	
중국	1876	7만 1,900	10억 5,600만	
인도	1853	6만 3,120	50억 9,300만	
호주	1854	4만 100	6억 4,700만	
러시아	1837	8만 6,660	12억 7,200만	
영국	1825	1만 7,052	9억 6,000만	
프랑스	1829	2만 9,352	9억	
독일	1835	3만 5,986	16억 8,100만	
이탈리아	1839	1만 5,985	4억 9,190	
스페인	1848	1만 2,310	4억 8,400만	
이집트	1856	5,024	8억 400만	
나이지리아	1901	3,557	170만	
남아프리카공화국	1860	2만 41	420만	
미국	1830	26만 1,780	2,459만	
캐나다	1836	6만 7,000	387만	
멕시코	1873	1만 9,510	673만	
쿠바	1837	4,226	1,250만	
브라질	1860	2만 1,500	미상	
아르헨티나	1857	2만 4,800	2억 1,600만	
칠레	1852	2,135	1,320만	

출처 : UIC(2011), 2010 세계철도연보

이 표에서 볼 수 있듯 우리나라는 아프리카 국가를 제외하고 대부분의 나라들보다 철도의 출발점이 매우 늦다. 종주국 영국보다는 무려 74년이나 늦다. 그마저도 우리 힘으로 건설한 것이 아니라 강대국에 의해 만들어지고 일제에 의해 대륙 침략의 통로로 사용되었다. 그러한 슬픈 역사를 가지고 있지만 한민족의 강인한 정신과 우수한 기술력으로 세계에서 5번째로 초고속열차를 가진 나라가 되었다. 또한 연간이용객 숫자도 10억 명이 넘어 명실상부한 철도대국으로 우뚝 섰다.

그러나 아직도 우리가 가야 할 길은 멀다. 국토면적으로 비교했을 때, 남한의 약 2배인 영국의 철도 길이는 4.4배에 달하고, 프랑스와는 8.2배 차이가 난다. 독일, 스페인, 이탈리아 대부분 우리보다 철도 길이가 훨씬 길다. 다행스러운 점은 우리의 철도이용률이 그들과 비슷하거나 높다는 사실이다. 이는 여러 측면에서 밝은 미래를 보여준다. 철도이용률이 더 높을수록 환경에 기여하며, 지역경제에 활력을 불러오고, 국민통합을 가져온다. KTX가 이러한 희망적인 현상을 더 가속화할 것은 분명하다. 세계 각국의 미래 교통정책을 살펴 우리는 어떠한 철도 네트워크를 만들어야 할지 가늠해보자.

● 유럽연합

유럽연합EU은 '유럽2020' 전략을 통해 '스마트, 지속가능, 사회통합 성장'을 추진하고 있다. 여기에는 철도 중심의 범유럽교통망TEN-T이 중요 역할을 한다. 총 30개의 프로젝트 중에서 22개가 철도 관련 프로젝트이며, 14개 노선은 일부 또는 전체를 고속철도로 계획했다. 14개 노선의 사업비는 2,690억 유로(1996~2020년)이며, 고속철도망은 1995년 2,300km에서 2020년에는 22,140km로 10배 가까이 늘어나고 2030년에는 30,750km로 확장된다. 여객 및 화물수송에서 고객에게 최상의 이동성을 제공하기 위해 단절 없는 대중교통을 만드는 것도 계획의 하나이다. 철도 투자를 통해 경제를 활성화시키고 녹색일자리를 창출한다는 전략도 진행 중이다.

● 영국

철도의 탄생지인 영국은 지속가능한 철도공급 정책을 추진하고 있다. 안전, 신뢰성, 용량 개선을 위해 약 1백억 파운드를 투입해 HLOS(High Level Output Specification 기술발전계획)를 2009년부터 실천해왔다. 여객/화물 수송량을 현재보다 2배 더 높이고, 더 안전하고, 더 신뢰성 있으며, 더 효율적인 철도, 다양한 인구를 지원하는 철도, 환경에 기여하는 철도를 만드는 것이 목표이다.

● 일본

세계 최초의 고속열차를 개발한 일본은 철도강국이다. 이를 더욱 발전시키기 위해 경쟁력을 갖춘 경제사회 구축의 일환으로 신칸센 정비와 재래선의 고속화를 추진하고 있다. 2015년까지 도쿄, 나고야, 오사카, 삿포로, 후쿠오카 등 5대 도시권을 3시간 대로 연결하는 것을 목표로 삼고 있다. 3대 도시인 도쿄, 오사카, 나고야를 연결하는 700~800km 연장의 초고속 자기부상철도(최고속도 581km/h)도 포함된다.

미래철도, 실용화, 기초기술 연구에 중점을 둔 철도기술 개발도 과제 중 하나이다. 향후 5~10년 이내에 실용화할 수 있는 기술을 개발하되, 경쟁력을 지닌 핵심기술 분야에 초점을 두고 있다.

● 미국

자동차와 고속도로에 밀려 투자가 적었던 미국은 철도에 대한 인식을 새롭게 하고 있다. 여객철도 투자 및 개선에 관한 법령PRIIA을 제정하여 지역 간 여객철도 구축에 힘을 쏟고 있다. 고속철도 교통축 개발 등 새로운 지역 간 철도서비스를 추진하고 있으며 13,760km에 달하는 11개 고속철도망도 건설할 예정이다. 미국의 철도계획 목표는 국가교통체계 개선을 위해 여객/화물철도 성능 향상, 교통수단 간 보완관계를 개선하여 모든 교통시스템 통합 추진, 국가 차원에서 중요한 철도 프로젝트 파악, 철도를 포함한 모든 교통시스템에 관한 공공의 인식 제고 등이다.

● 중국

세계의 강국으로 떠오른 중국은 의욕적으로 철도를 더 빠르게, 더 넓게 확대해 나가고 있다. 국민경제와 사회발전 수요에 맞춰 〈중장기 철도망계획(2003~20)〉을 세웠으며 2020년에는 인구 20만 이상 도시와 전국 행정구역의 95% 이상을 포괄하는 철도 네트워크를 구축하겠다는 프로젝트를 담았다. 2020년까지 약 5조위안을 투입하여 8종8횡의 주간선을 강화하고, 4종4횡 여객전용 고속철도를 건설할 예정이며,

철도 노선은 12만km까지 확대될 것이다. 여기에서 그치지 않고 중국은 철도망 확충을 바탕으로 세계 철도시장으로 진출한다는 야심찬 계획도 가지고 있다.

▎한국의 철도는 어떻게 변할까

사람들은 여러 이유와 목적으로 기차를 이용한다. 2007년 기차를 타는 목적은 출근, 업무, 귀가, 등교, 쇼핑, 여가(관광), 기타, 친지방문 등이었는데 업무(출장)와 귀가, 친지방문의 3가지 목적이 절반을 넘었다. 이 비중은 2036년이 되어도 변하지 않을 것으로 예측되며, 통행량은 1일 1,398만 3천에서 1,567만 3천으로 증가할 것으로 보인다.

철도의 목적별 통행량 변화

구 분		출근	업무	귀가	등교	쇼핑	여가	기타	친지방문	계
2007년	천통행/일	1,714	3,197	3,889	424	185	1,050	973	2,551	13,983
	분담비(%)	12.3	22.9	27.8	3.0	1.3	7.5	7.0	18.2	100.0
2036년	천통행/일	1,955	3,579	4,348	494	211	1,162	1,098	2,828	15,673
	분담비(%)	12.5	22.8	27.7	3.1	1.3	7.4	7.0	18.0	100.0

출처 : 국토해양부(2011), 국가기간교통망계획 제 2차 수정계획(2001-2020).

교통수단별로 살펴보면 승용차는 시대에 관계없이 가장 많이 활용될 것으로 예측된다. 그러나 2036년이 되면 그 비중이 소폭이나마 줄어들고 그만큼 버스와 철도 등 대중교통 분담률이 늘어날 것이다. 소득수준의 향상으로 항공 이용도 소폭 늘어날 전망이다.

장래 수단별 통행량 비교

구 분		승용차	버스	철도	항공	계
2007년	천통행/일	8,373	3,608	1,937	47	13,964
	분담비(%)	60.0	25.8	13.9	0.3	100.0
2036년	천통행/일	9,180	4,082	2,267	144	15,673
	분담비(%)	58.6	26.0	14.5	0.9	100.0

주) * 해운제외
출처 : 국토해양부(2011), 국가기간교통망계획 제 2차 수정계획(2001-2020).

철도와 자동차를 단순 비교해 어떤 교통수단이 더 좋고, 나쁘다고 단언할 수는 없다. 설사 '기차가 더 좋은 교통수단'이라고 판정이 난다 해도 자동차 애호가는 특별한 경우가 아니면 기차를 타지 않는다. 고속버스에 익숙한 사람은 오로지 고속버스만 타는 습성이 있다. 이는 개인의 성격, 주거 지역의 여건(예컨대 기차역이 없는 작은 읍), 경제 상황, 이동 목적에 따라 다르다. 현재도 그렇고 미래에도 자동차 이용률은 높겠지만 철도에 대한 투자와 기술개발은 꾸준히 이루어지고 있다. 앞에서 보았듯 자동차 강국 미국을 포함해 세계 각국은 철도를 더 빨리, 더 넓게 확장시키기 위해 국가적 노력을 기울이고 있다.

이런 때 우리는 무엇을 해야 할까? 미래를 향한 우리나라의 철도 비전은 "철도망을 통해 국토를 통합하고 다핵/개방형 구조로 재편"하는 것이다. 전국 주요 거점을 일상 통근시간대인 90분대로 연결하여 하나의 도시권으로 통합하는 것이 구체적 목표이다. 이를 위해 1)전국 주요 거점을 고속 KTX망을 통해 X자형과 ㅁ자형으로 연결하고, 2)대도시권의 30분대 광역/급행 철도망을 확장하며, 3)녹색 철도 물류체계를 구축하고, 4)편리한 철도 이용환경을 조성한다는 계획을 실현해 나가고 있다.

향후 우리나라는 광역경제권의 중심도시로 인구가 집중되고, 통행발생량은 그 중심도시를 이동하는 형태로 나타난다. 국가철도망은 중심도시를 직결하는 네트워크가 되어야 하며 광역경제권 통행 패턴에 적합한 국가철도망이 되어야 한다. 국토 최단거리를 연결하는 X자형과 성장잠재력이 큰 해안권/북부권을 통과하는 ㅁ자형 결합 노선이 가장 효율적이다.

광역경제권간 통행수요

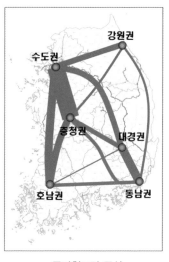

국가철도망 구상

출처 : 국토해양부(2011), 국가기간교통망계획 제 2차 수정계획(2001-2020).

▌ 국가철도망은 어떻게 구축될까

● 고속철도

경부고속철도 대전–대구 도심구간은 2015년 완공되었으며, 호남고속철도 오송–광주 구간은 2015년 4월 개통되었다. 서울~시흥간 용량부족 해소를 위한 수도권 고속철도는 2016년에 완공예정이며, 광주~목포 구간과 원주~강릉간 구간은 2017년 이후 완공 예정이다.

장래 수단별 통행량 비교

사 업 명	구 간	총사업비(억원)	연장(km)	사업기간
경부고속철도 2단계	대전·대구 도심구간	79,454	40.9	~2015
호남고속철도	오송~광주	121,016	230.9	~2015
	광주~목포			~2017(미정)
수도권 고속철도	수서~평택	37,231	61.0	~2016
원주~강릉 고속화 철도			120.3	~2017

출처 : 국토해양부(2011), 국가기간교통망계획 제 2차 수정계획(2001-2020).

● 일반철도 및 광역철도

일반철도는 기존선 개량, 복선전철화, 신설 등 3개 부분에 초점을 맞춰 전국 곳곳에서 58개 사업을 추진하고 있다. 광역철도는 기존선 복선전철화, 신설 등에 초점을 맞춰 18개 사업이 진행되고 있다. 나아가 경부고속선의 평택~오송 구간 2복선전철화 등 20개 노선을 검토 중이다.

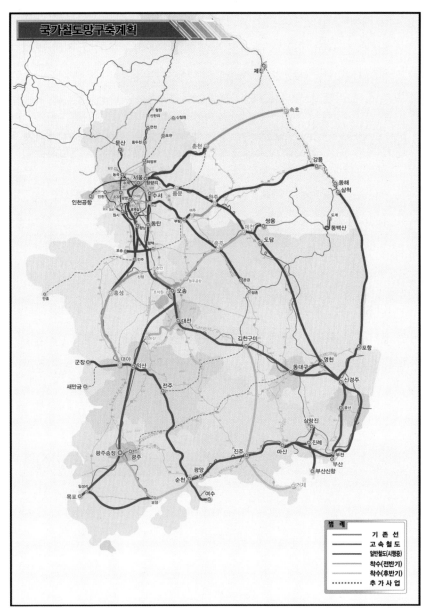

국가철도망 구축계획도

출처 : 국토해양부(2011), 제 2차 국가철도망 구축계획(2011~2020).

이 계획이 순차적으로 완료되면 우리나라는 명실상부한 철도강국
이 된다. 전 국토가 철도 중심의 녹색교통체계로 전환되고. 5대 광역
경제권이 KTX로 연결되는 것이다.

장래 철도지표 변화

구 분	2010년	2020년	비고 (B/A)
영업거리(km)	3,557.3	4,934.1	1.39
복선화율(%)	49.6	79.1	1.60
전철화율(%)	60.4	85.0	1.41

출처 : 국토해양부(2011), 제 2차 국가철도망 구축계획(2011~2020).

KTX를 필두로 철도가 생활의 중심 교통수단이 되어 철도이용객은
2008년 1일 31만 명에서 2020년에는 60만 명으로 증가하고. 철도분
담률은 여객/인km 기준으로 2008년 15.9%에서 2020년에는 27.3%로
늘어날 것이다.

장래 철도분담률 변화

구 분	2008년	2020년
도로	81.4%	69.3%
철도	15.9%	27.3%
항공	2.5%	3.2%
해운	0.2%	0.2%
계	100.0%	100.0%

출처 : 국토해양부(2011), 제 2차 국가철도망 구축계획(2011~2020).

환경에 기여하는 면도 크다. 온실가스CO_2 배출이 연간 약 774만 톤 줄어들고, 에너지 소비는 연간 약 259만 TOE(석유환산톤)가 감소된다. 철도 수혜지역도 대폭 확대된다. 경부/호남/수도권 고속철도 개통과 주요 일반철도 노선의 고속화를 통해 전국 주요 도시가 90분대로 연결된다. 현재 인구의 60%에서 83%가 철도의 혜택을 보며, 철도가 닿는 국토면적은 30%에서 76%로 늘어난다. 빠른 속도와 접근성의 획기적 개선으로 실질적인 지역 균형발전이 이루어질 것이다. 또한 국가철도망 구축에 따른 직접 편익, 통행시간 비용, 차량운행비, 교통사고 비용, 환경비용 절감 등 연간 약 6조8천억 원의 편익이 발생한다.

국가철도망 구축에 따른 경제적 편익

항목	내용	편익 (억원/년)
통행시간 절감편익	통행시간 절감에 따른 편익	45,338
차량운행비 절감편익	유류비, 감가상각비 등 절감에 따른 편익	14,715
교통사고비용 절감편익	사망자 및 부상자수 감소에 따른 편익	2,045
환경비용 절감편익	대기오염물질 배출량 감소에 따른 편익	6,217
계	100.0	68,315

출처 : 국토해양부(2011), 제 2차 국가철도망 구축계획(2011~2020).

나아가 지역경제 파급효과도 크다. 철도건설 과정에서 생산유발효과는 233조 원, 고용유발효과는 198만 명에 달하고 운영단계에서는 91조 원에 이를 것이다.

국가철도망 구축에 따른 지역경제 파급효과

항 목		파급효과
건설단계	생산유발효과	약 233조 원
	고용유발효과	약 198만 명
	임금유발효과	약 35조 원
운영단계	총지역생산(GRDP) 증대효과	약 91조 원

출처 : 국토해양부(2011), 제 2차 국가철도망 구축계획(2011~2020).

제2차 국가철도망 구축계획의 시간적 범위는 2011~2020년이다. 2020년은 우리의 생각보다 훨씬 빠르게 다가온다. 그렇기 때문에 철도건설은 2020년이 최종 목표가 아니라 100년 후, 200년 후를 예측하면서 계획을 세운다. 지금까지 살펴본 철도망 구축은 시간도 오래 소요되었으며 비용도 많이 들었다. 앞으로 건설될 철도망 역시 현재보다 더 많은 시간과 비용 그리고 가장 중요한 우리의 노력과 공감을 필요로 한다.

철도는 사적 이익을 위해 건설되는 것이 절대 아니다. 국민의 삶에 기여하기 위해 국가가 투자하는 것이다. 투자가 더 많아질수록 국민의 생활은 더 편리해지고, 삶의 수준은 향상되며, 기술력은 높아지고, 경제는 발전된다. 결국 국가가 부강해져 세계 속에서 한국인으로 살아가는 자긍심을 높여준다. 현재 철도는 한반도 남단에 국한되어 있지만 유라시아까지 진출할 날도 그리 멀지 않다.

"철마는 달리고 싶다"는 비문碑文은 어쩌면 한국에서만 볼 수 있는 슬픈 자화상일 것이다. 육지의 끝, 혹은 자연적 장애에 막혀 철도가 중단되는 것이 아니라 인간이 만든 장벽에 의해 철도가 중단되는 현실은 누구에게나 가슴이 아프다. 그러나 우리 민족은 길고 긴 역사에서 수없이 많은 고난을 극복해 왔기에 철도종단점의 역사도 곧 극복할 것이다.

남북 철도가 연결되고 그 노선을 따라 중국과 러시아를 지나 유럽의 끝까지 화살처럼 빠르게 달릴 날도 그리 멀지 않았다. 그러나 그 가슴 벅찬 날은 저절로 오지 않는다. 우리가 노력할수록 더 빨리 다가오고, 철도에 대한 관심이 소홀해지면 그날은 아주 느리게 다가온다. 그러기에 우리는 미래에 대비해 선진 철도를 구현하는 최선의 노력을 다해야 한다.

우리나라는 철도투자를 효율적/체계적으로 수행하기 위하여 10년 단위로 국가철도망구축계획을 세운다. 여기에는 국가기간교통망(고속철도/일반철도/광역철도) 건설, 교통시설 투자, 대도시권 광역교통계획, 환경친화적 철도 건설 등이 포함된다.

▌우리나라 철도의 현주소

제1차 국가철도망 구축계획은 2006~2015년을 범위로, 제2차 구축계획은 2011~2020년을 범위로 철도망 구축의 비전과 목표, 투자규모를 제시했다. '철도경쟁력의 획기적 제고'를 비전으로 삼아 다른 교통수단과 경쟁해 교통수요를 최대한 흡수하고, 수송분담률을 높여 대량/대중 교통수단으로서의 위상을 갖는 것이다. 구체적 목표를 살펴보면 첫째, 속도경쟁력 대폭 향상이다. 180km~200km 이상으로 운행해 대도시를 2~3시간 이내에 갈 수 있도록 하는 것이다. 둘째, 접근성 개선이다. 전국 어디에서든 주요 철도역에 30분 이내에 도착할 수 있도록 한다. 셋째, 안전성/친환경성/쾌적성 향상이다. 철도는 결국 인간을 위한 것이므로 인간과 환경 중심의 교통수단으로서 그 역할을 강화한다.

1차 기간 동안 총 40.4조 원이 투입되었다. 전반기(2006~2010)에 20.4조 원, 후반기(2011~2014)에 20조 원이 투입되었는데 이 규모는 다른 교통SOC 투자에 비해 그리 높은 편은 아니다.

이 기간에 고속철도는 경부고속철도 2단계 사업(대구~부산)이 완료되었고, 호남고속철도는 2015년 3월에 개통되었다. 일반철도는 여러 노선에 걸쳐 전철화, 복선화 등이 수행되었다. 계획에 미치지 못하는 노선은 순차적으로 추진되고 있다.

일반철도 진행 과제

노 선	구 간	사업 내용	연장(km)	비 고
경부선	조치원~대구	전철화	158.0	완공
장항선	천안~온양온천	복선전철화	16.5	완공
장항선	온양온천~군산	복선전제 단선개량	89.2	완공
인천공항 활주로구간	–	복선전철	0.5	완공
인천 국제공항철도	인천공항~서울역	복선전철	61.7	
전라선	순천~여수	철도개량	40.0	
경춘선	금곡~춘천	복선전철화	63.8	
경전선	동순천~광양	복선화	10.9	
중앙선	제천~도담	복선전철화	17.4	
영동선	동백산~도계	철로이설	19.6	
중앙선	덕소~원주	복선전철화	90.4	
전라선	익산~순천	복선전철화	154.2	
태백선	제천~쌍용	복선전철화	18.3	
경전선	삼랑진~진주	복선전철화	101.4	
원주–강릉선	원주~강릉	복선전철	120.0	
장항선	익산~대야	복선전철화	16.5	
중앙선	원주~제천	복선전철화	41.1	

출처 : 국토해양부(2011), 제 2차 국가철도망 구축계획(2011~2020).

일반철도 중 9개 노선은 2016년 이후 완공을 목표로 추진 중이다.

노 선	구 간	사업 내용	연장(km)	비 고
경전선	진주~광양	복선화	56.1	
성남~여주	성남~여주	복선전철	53.8	
동해선	포항~삼척	단선철도	171.3	
동해남부선	울산~포항	복선전철화	73.2	
경전선	보성~임성리	단선철도	79.5	
소사-원시선	소사~원시	복선전철	23.1	BTL 전환
경전선	부전~마산	복선전철	51.4	BTL 전환
중부내륙선	여주~충주	단선전철	55.8	
중부내륙선	충주~문경	단선전철	40	

출처 : 국토해양부(2011), 제 2차 국가철도망 구축계획(2011~2020).

광역철도는 2개 사업이 완공되었으며, 그 외의 노선은 순차적으로 진행되고 있다.

노 선	구 간	사업 내용	연장(km)	비 고
중앙선	청량리~덕소	복선전철화	18.0	완공
경원선	의정부~동안	복선전철화	22.3	완공
경춘선	망우~금곡	복선전철화	17.2	
경의선	용산~문산	복선전철화	48.6	
신분당선	강남~정자	복선전철	18.5	
분당선	왕십리~선릉	복선전철	6.6	
분당선	오리~수원	복선전철	18.2	
수인선	수원~인천	복선전철	52.8	
동해남부선	부산~울산	복선전철화	72.1	

출처 : 국토해양부(2011), 제 2차 국가철도망 구축계획(2011~2020).

우리나라의 철도와 기술력은 이미 선진국 수준에 올라섰다. 2014년에 고속철도, 일반철도, 광역철도를 포함하여 총 3,590km를 운영 중이며. 이 중에서 복선연장은 2,009km로 복선화율은 55.7%에 육박한다. 전철연장은 2,457km로 전철화율은 68.4%에 이른다. 총 88개 노선에 철도역은 669개인데, 보통역이 319개, 간이역이 311개, 신호소·신호장이 각각 32개, 5개이며 조차장은 2곳이다.

연도별 영업연장 추이

구 분	1975	1985	1995	2000	2005	2010	2014
영업연장 (km)	3,144	3,129	3,101	3,123	3,392	3,557.3	3,590
복선연장 (비율)	563 (17.9%)	764 (24.5%)	886 (28.6%)	939 (30.1%)	1,355 (40%)	1,763.0 (49.6%)	2,009 (55.7%)
전철연장 (비율)	414 (13.2%)	429 (13.7%)	555 (17.9%)	668 (21.4%)	1,597 (47%)	2,147.0 (60.4%)	2,456.7 (68.4%)

출처 : 한국철도공사(http://info.korail.com)

철도는 대량/신속/대중의 측면에서 최고의 교통수단이지만 안전과 쾌적함, 환경 역시 중요한 요소다. 이를 위해 철도의 각 부분에서 다양한 노력을 펼치고 있다. 레일의 수명 연장과 열차 주행안전을 위해 50kg 이상 레일 중량화율은 97.5%에 달한다. 유지보수 효율화, 승차감 향상, 소음 저감을 위한 레일 장대화율(용접 등으로 레일 간 틈새를 없애 하나의 레일처럼 만드는 작업)은 49.4% 수준이며, 궤도구조의 안정성과 유지보수를 효율화하기 위한 PC 침목 설치율은 68.6%이며, 본선에서의 PC침목 설치율은 79.3%에 이른다.

교량은 2,933곳에 404.5km이고, 터널은 660곳에 506.7km가 설치되었으며, 건널목은 1,262개가 있다. 신호제어를 위한 시설로 열차집중제어장치CTC, 열차자동제어장치ATC, 자동정지장치ATS 등을 운영한다. 철도차량 수는 총 18,427량으로 고속철도 1,110량, 기관차 509량, 동차 2,779량, 객차 1,257량, 화차 12,755량, 기중기 17량이다. 정기열차는 하루에 3,227회가 운행된다. 이 중에서 여객열차는 2,928회, 화물열차는 299회가 운행되고 있다.

여객열차 종별 운행 현황 (단위: 회)

연 도	수도권 전동열차	고속열차	새마을	무궁화	통근열차
2010년	2,231	172	74	272	55
2014년	2,274	243	46	264	22

출처 : 한국철도공사(http://info.korail.com)

여객 수송실적은 자동차가 증가하고, 통일호/비둘기호 열차가 줄어들어 1990년 이후 2009년까지 감소하다가 KTX 개통 이후 다시 늘어나고 있다. 그런 점에서 KTX는 녹색 교통수단 부활의 신호탄으로 여겨진다.

여객수송실적 (단위: 천인, 백만인/km)

운행횟수	1990	1995	2000	2006	2010	2014
인기준	150,075	135,653	115,914	114,331	112,093	134,442
인키로 기준	21,811	20,316	19,004	19,078	19,019	23,070

출처 : 한국철도공사(각 연도), 각 연도별 철도통계연보.

▌철도는 어떤 문제점을 안고 있는가

우리나라 철도는 1898년 최초로 운행을 개시한 이후 117년이 흘렀다. 그동안 국민의 사랑받는 교통수단으로서 많은 역할을 해오고, 2004년 세계에서 5번째로 고속철도를 갖는 철도선진국이 되었으나 여러 측면에서 아직도 적지 않은 문제점을 지니고 있다.

첫째, 철도투자 부족에 따른 철도네트워크가 선진국에 비해 떨어진 다는 점이다. 1960년대 말부터 본격적인 경제개발이 시작된 이후 사회간접자본에 많은 투자를 했으나 이는 도로에 집중되었으며 철도는 상대적으로 적었다. 2006~2010년 사이에 교통 SOC 투자 중 철도투자는 24%에 불과했다. 이는 2010~2014년에도 큰 변함이 없었다.

교통SOC 투자추이 (단위 : 억원)

구 분	2006	2008	2010	2014
도 로	73,567	79,259	77,281	83,912
철 도	32,941	40,345	42,020	61,800
도시철도	12,953	14,108	11,492	6,232
항 만	19,402	20,605	18,565	–
공 항	3,918	2,109	666	1,008
물류 등 기타	10,081	13,277	18,619	12,683
합 계	152,862	169,703	168,643	165,635

출처 : 국토교통부(각 연도), 각 연도별 회계연도 예산 개요.

둘째, 철도의 총 길이가 빠르게 확장되지 못하고 있다. 지난 20년 간 지역 간 철도연장은 287km 증가에 불과한 실정이다. 이마저도 대부분은 고속철도 설치에 따른 증가였다. 도로의 증가가 거의 2배에 달한 것에 비해 철도는 거북이걸음을 하고 있는 셈이다.

교통시설 확충 추이 (단위 : km)

구 분		1990	2001	2005	2009	2014
도 로	계(km)	56,714	91,396	102,293	104,983	105,673
	고속국도(km)	1,551	2,637	2,968	3,776	4,139
	일반국도(km)	12,160	14,254	14,224	13,819	13,950
	지방도 등(km)	43,003	74,506	85,101	87,388	87,584
철 도	계(km)	3,091	3,125	3,392	3,378	3,557.3
	고속철도(km)	-	-	240	240	368.5
	일반철도(km)	3,091	3,125	3,152	3,138	3,188.8

출처 : 국토교통부(각 연도), 각 연도별 도로업무편람.
　　　국토교통부(각 연도), 각 연도별 철도업무편람.

셋째, 철도는 속도경쟁력에서 뒤진다. 철도는 안전성과 대량성의 장점을 지니고 있지만 평균적으로 속도에서 다른 교통수단보다 늦다. 고속철도를 제외하고는 투자 부족에 따른 시설 낙후로 속도경쟁력이 향상되지 못하고 있다. 취약한 속도는 철도 이용을 기피하고, 이에 따라 철도투자가 정체되는 악순환이 지속된다.

구 간	도 로	철 도
서울 – 부산	4:20	2:08
서울 – 대구	3:00	1:38
서울 – 포항	3:50	5:13
서울 – 광주	3:00	2:51
서울 – 목포	3:50	3:11
서울 – 여수	4:30	3:00
서울 – 광양	4:00	5:02
서울 – 진주	3:30	3:40
서울 – 강릉	2:20	5:56

* 도로 이동시간 : 톨게이트 간 이동시간 기준
* 철도 이동시간 : 차내 시간 기준, KTX 미정차 지역은 새마을, 무궁화 기준

　표에서 보듯 KTX를 제외하고 서울–진주는 자동차로 3시간 30분이 걸리는 것에 비해 철도는 2배 가까운 6시간 49분이 걸린다. 도달시간이 아닌 평균속도 측면에서도 철도는 고속도로보다 느리다. 경부고속도로 92km/h, 중부고속도로 93km/h, 서해안고속도로 97km/h인 것에 비해 일반철도는 경부선 85km/h, 전라선 77km/h, 중앙선 64km/h, 장항선 66km/h이다. 그 어느 구간에서도 철도가 고속도로보다 느리다.

　이외에 자연적인 장애 요인도 있다. 열차운행의 효율을 떨어뜨리는 급경사, 급곡선 구간이 적지 않다. 레일 지반의 기울기가 20‰ 이상인 지점이 300곳이 넘는데 그 길이가 307.5km로 철도 총길이의 9.1%를 차지한다. 30‰ 이상인 구간도 54개소로 60.5km에 달한다. 이런 곳에

서 열차는 제 속도를 내기 어렵다. 최고속도 70km/h 이하로 운행되는 곡선반경 400m 이하 구간은 무려 1,729곳으로 597.4km에 이른다. 이는 총길이의 16.8%나 된다.

기술적인 장애요인으로는, 철도시설 수준의 일관성이 없다는 점이다. 예컨대 동일 노선에서 시설 수준이 달라 선로용량 및 차량운영에 차이가 있다. 구간에 따라 단선 또는 복선, 전철 또는 비전철 등이 혼재하기도 한다. 예컨대 중앙선의 경우 청량리~용문은 복선전철인 것에 반해 용문~영주는 단선전철이며, 영주~영천은 단선비전철이다. 한 노선에 3개의 방식이 혼합되어 있는 것이다. 철도역 위치도 철도 이용을 떨어뜨리는 요인이 된다. 여러 이유로 신설 철도역이 도심 외곽에 세워져 접근을 불편하게 한다. 특히 충북선 청주역, 전라선 전주역 등은 도심 외곽으로 철도역이 옮겨져 이용 수요가 떨어질 것으로 우려된다.

그 결과 KTX를 제외하고 철도는 여전히 최고의 교통수단이라는 인식을 주지 못하고 있다. 철도의 수송 분담률이 정체되는 이유이기도 하다. 철도의 여객수송 분담률은 2003년 12.9%에서 2007년 13.8%로 증가하는 데 그쳤으며, 2013년에는 19.5%로 약간 증가했다. 여객분담률의 증가는 대부분 KTX 개통에 따른 것이며, 수도권 광역철도가 늘어나면서 이용객이 소폭으로 증가했다.

수송 분담률 변화

구 분		도 로	철 도	항 공	해 운	계
2001년	천인/일, (%)	11,051 (86.5)	1,645 (12.9)	61 (0.5)	16 (0.1)	12,773 (100)
2007년	천인/일, (%)	11,980 (85.8)	1,936 (13.8)	46 (0.3)	18 (0.1)	13,982 (100)
2013년	천인/일, (%)	28,747 (80)	7,002 (19.5)	165 (0.5)	27 (0.1)	35,942 (100)

출처 : 국토해양부(2011), 국가기간교통망계획 제 2차 수정계획(2001-2020).

▌우리는 철도를 사랑할 수 있을까

바그너는 "여행과 변화를 사랑하는 사람은 생명이 있는 사람이다" 라고 말했다. 이 말을 확대 해석하면, 변화를 받아들이지 않는 사회는 죽은 사회라 할 수 있다. 우리를 둘러싼 사회/경제적 변화는 매우 빠르며 희망적이기도 하고 절망을 주기도 한다. 한국적 현상도 있지만 대부분은 전 세계의 상황과 맞물려 있다.

첫째는 기후변화 및 에너지 문제이다. 기후변화는 인류가 쉽게 대처하기 어려운 문제지만 방법이 없는 것은 아니다. 국가 차원에서 저탄소 녹색성장 정책을 추진하고 대체에너지 개발 노력을 지속해야 한다. 승용차 이용을 줄이고, 환경친화적이며 에너지 효율성이 높은 철도를 이용하는 것은 평범한 사람들이 일상에서 환경을 위해 가장 쉽게 실천할 수 있는 방법이다.

교통수단별 에너지 소모 및 CO2 발생량

구 분		승용차	버스	철도	해운
화석연료	여객 (TOE톤/백만인km)	5,703	1,583	661	9,827
	화물 (TOE톤/백만톤km)	9,520	–	971	3,423
이산화탄소	여객 (톤/백만인km)	168.2	47.6	29.8	315.3
	화물 (톤/백만톤km)	299.6	–	35.9	110.6

출처 : 국토해양부(2011), 제 2차 국가철도망 구축계획(2011~2020).

둘째는 인구구조의 변화이다. 전 세계 인구는 증가하다가 그 이후로 서서히 줄어들 것으로 전망된다. 한국 역시 같은 추세를 보일 것이며, 대폭적인 인구증가는 특히 개발도상국에서 나타날 것이다. 인구증가에 따라 대량수송의 교통인프라가 지속적으로 구축되어야 하는 것은 당연하다. 필연적으로 대부분의 국가는 고령화 사회로 갈 것이며 교통약자를 위한 대중교통 서비스가 정착되어야 한다. 이 관점에서 철도는 가장 적합한 교통수단이다.

셋째는 거대 도시권역Mega City Region의 탄생과 가속화이다. 세계는 메가시티리전 중심으로 대도시Mega City를 유기적으로 연계해 집적에 따른 규모의 경제를 추구하게 된다. 따라서 거대지역권 내의 산업을 연결시키고 시너지효과를 창출하기 위해서는 고속교통망이 필수적이다.

넷째는 정보통신 기술의 발달이다. PC, 인터넷, 스마트폰으로 대표되는 정보통신은 전 세계적으로 사람들의 삶을 바꾸어놓았다. 빠른 변화의 시대에 고속철도는 유비쿼터스 시대를 활짝 꽃피울 수 있는 교통수단이다.

다섯째, 생활양식의 다양화, 고급화이다. 교육의 확대와 기술발달에 힘입어 인류의 생활은 나날이 향상되고 있다. 절대빈곤과 기아, 정치분쟁이 아직도 여러 나라에서 인간의 삶을 어렵게 하지만 서서히 좋아지고 있음은 분명하다. 소득수준의 향상, 정보 및 문화의 세계화 등으로 근로환경은 개선되고 생활양식이 다양화/고급화되고 있다. 교통서비스 측면에서도 시간의 중요성이 늘어나고 있으며 쾌적성/편리성/안전성/고급화는 모두가 원하는 요소다. 이를 만족시키는 교통수단은 고속철도밖에 없다.

여섯째, 급속한 세계화와 더불어 지역 블록화가 심해지고 있다. WTO 체제에서 세계시장은 갈수록 개방되고 세계시장 선점을 위한 기업경쟁은 더 치열해질 것이다. 경제 선진국을 중심으로 한 지역주의적 글로벌화가 확대되면서 국경을 초월한 교류가 늘어나고 있다. 고속철도는 이 역할에 가장 적합한 교통수단이다.

이러한 사회적 변화와 함께 교통 및 철도는 어떤 변화를 맞게 될까?

첫째, 국민소득 증가에 따라 철도서비스에 대한 기대가 높아진다. 양적 공급보다는 질적 공급이 더 중요하며, 철도차량 및 철도시설의 안전성/쾌적성에도 요구가 높아질 것이다. 기차는 어떤 상황에서도 언제나 제시간에 출발/도착한다는 인식을 심어주어야 하고, 철도사고 발생률을 0으로 떨어뜨리며, 테러 등에 대비한 안전시책도 갖추어야 한다. 고품질의 여객서비스는 당연한 소임이다.

둘째, 철도산업의 개방과 경쟁이 치열해질 것이다. 2005년 이전 우리나라 철도는 철도청이 운영했다. 한국철도공사로 바뀌면서 수익 개념이 도입되었고 고객서비스도 향상되었다. 철도는 여전히 국가 소유이기는 해도 이 명제는 하루아침에 바뀔 수 있다. 세계화 추세는 철도 분야라 해서 예외는 아니다. 철도 운영기관이 다양화되고, 철도 분야별 전문시장이 형성되며, 민간기업의 참여가 늘어날 것이다.

셋째, 환경친화적인 교통수단의 활성화이다. 환경은 전 세계적인 화두이기 때문에 환경친화적이고 에너지 효율적인 교통수단이 절대적으로 필요하다. 우리나라는 교통 분야 SOC 중에서 철도예산을 2009년의 29%에서 2020년에는 50%로 늘릴 계획이다. 철도에 대한 투자가 늘어나는 만큼 이용률이 높아지고 환경에 적극적으로 이바지할 수 있다.

넷째, 광역경제권 지원을 위한 교통체계를 구축해야 한다. 광역경제권은 서울, 대전, 대구, 부산, 광주 등 5개 권역으로 나눈다. 이 권역의 개발이 KTX역을 중심으로 이루어질 수 있도록 개발을 지원/선도하는 교통정책이 필요하다. 고속철도와 연계한 지역발전, 지하공간을 활용한 효과적인 인프라를 구축해야 하며 KTX서비스 지역을 중심으로 도시재생 또는 신시가지 조성을 추진해야 한다. 또한 대도시권의 교통문제를 풀어야 한다. 서울 유·출입 통행량은 1996~2006년에 33.9% 증가하였으며, 승용차 통행량은 47.9% 늘었다. 이로 인해 2007년 수도권의 교통혼잡비용은 14조 5천억 원으로 전국 25조 9천억 원의 56%를 차지하였다. 대도시권에서 광역교통 인프라 부족은 도시경쟁력을 약화시키는 요인이 된다. 수도권 전철망은 705km로 도쿄권 3,128km, 런던권 2,125km, 파리권 1,602km에 비해 22~44% 수준에 불과하다.

여섯째, 미래지향적 철도기술이 필요하다. 더 빠르고 쾌적한 한국형 고속열차가 전국을 연결해야 하며 통합 여객서비스도 도입해야 한다. 차량 경량화, 에너지 효율적인 열차제어 시스템 등 우리가 해결해야 할 과제는 많다. 선진 철도기술을 보유할 때 한국의 전반적인 기술력이 높아지며, 철도기술을 해외에 수출해 경제발전에도 크게 이바지할 수 있다. 고속철도는 미래 한국의 운명을 좌우하는 요소 중 하나라 해도 과언이 아니다.

"철마는 달리고 싶다"는 비석이 열차의 질주를 막는 슬픈 장애물이 아니라 박물관에 진열되고, 레일이 끝없이 이어져 한국 철도가 세계로 뻗어나갈 그날이 곧 다가올 것이다.

14

유라시아 철도 연결

영국 소설가 조지 오웰은 1948년 〈유럽 최후의 인간〉이라는 장편소설을 썼다. 출판사가 그 제목을 좋아하지 않자 〈1984년〉으로 제목을 바꾸었다. 오웰이 왜 1984라는 연도를 사용해 제목을 지었는지는 명확하지 않다. 이듬해인 1949년에 출간된 〈1984년〉은 곧바로 독자들의 주목을 받았으며 70년이 가까워지는 지금도 전 세계에서 읽히고 있는 고전 명작소설로 꼽힌다.

소설의 무대는 세계의 가상 3대 강국인 오세아니아, 동아시아, 유라시아이다. 오세아니아Oceania는 아메리카 대륙과 영국, 남아프리카, 호주 대륙을, 유라시아Eurasia는 러시아와 전 유럽을, 동아시아East Asia는 한국, 중국, 일본, 동남아, 티베트, 몽골을 가리킨다. 오웰이 만든 이 가상의 세계는 소설의 무대로는 적합하지만 실제 세계와는 맞지 않는다. 유라시아는 유럽과 러시아, 아시아를 합한 대륙이기 때문이다.

유라시아는 엄청나게 넓다. 총면적은 대략 5200만km²로 지구 육지 면적의 36.2%를 차지하며 거주 인구는 세계 인구의 71%인 대략 49억 명에 달한다. 아시아에 47개 나라가 있으며, 유럽에 50개 나라가 있어 총 97개 나라이다. 전 세계 200여 나라의 약 1/2이 유라시아에 있다. 세계 4대 문명의 발상지인 인도문명, 황하문명, 메소포타미아 문명이 유라시아에서 출발했고, 이집트 문명만이 아프리카에서 시작되었다. 그만큼 유라시아는 인류의 역사와 문화의 근원지라 할 수 있다.

이 유라시아 대륙이 지금 우리를 기다리고 있다.

▌유라시아는 우리에게 무엇인가

아시아와 유럽, 나아가 세계를 변혁시킬 구상 중 하나인 '유라시아 이니셔티브Eurasia Initiative: EI'는 갑자기 나타난 화두가 아니다. 아시아-유럽의 연결과 개발은 오래전부터 인류의 관심을 끌었으나 구체적으로 진전된 것은 없었다. 1990년대에도 철도를 연결하자는 논의는 있었으나 논의에 그치고 말았다. 이를 실현시켜 진정한 유라시아가 될 수 있도록 한 것이 유라시아 이니셔티브이다. EI는 2013년부터 씨앗을 뿌렸으며 중요한 과제를 선정해 실천해나가고 있다.

2013년 10월 '유라시아 시대의 국제협력 컨퍼런스' 기조연설에서 박근혜 대통령이 유라시아 이니셔티브를 제안해 적극적인 환영을 받았다. 이 컨퍼런스에는 국내외 석학, 국제기구 대표 등 500여 명이 참석하여 유라시아의 발전 방향과 국제협력의 비전, 한국의 역할 등을 모색했다. 그 자리에서 유라시아 역내 국가 간 경제협력을 통해 경제 활성화 및 일자리 창출의 기반을 만든다는 공감대가 형성되었다. 즉 하나의 대륙, 창조의 대륙으로 가야 한다는 데 인식을 같이한 것이다. 또한 북한의 개방을 점진 유도함으로써 한반도 긴장을 완화하고 통일 기반을 구축한다는 데도 의견이 모아졌다. 즉 평화의 대륙이 되는 것이다.

유라시아 대륙은 세계인구의 약 71%가 살고 있고, 동쪽 끝에서 서쪽 끝까지 12개의 시간대에 걸쳐 있는 세계 최대의 단일 대륙입니다. 오랜 인류의 역사 속에서 유라시아는 고대 문명의 요람이었고, 실크로드를 통한 교류와 협력으로 인류 문명의 진보를 이끌어 왔습니다. 동양의 제지와 도자기 기술을 서양에 전하고, 서양의 역법을 동양으로 전하는 문명의 교류와 융합을 통해 과거 유라시아 대륙은 '소통과 개방, 창조와 융합'의 공간으로 발전할 수 있었습니다. 한반도는 그 유라시아 길의 동쪽 출발점이었습니다. 하지만 동서 냉전체제라는 현대사의 그늘로 인해 한동안 유라시아는 '하나의 대륙'이라는 연계성과 역동성을 살리지 못한 채 고립과 단절의 세월을 보내야 했습니다. 그러나 냉전 종식 이후 유라시아 대륙은 변화하고 있습니다. 러시아와 중앙아시아 국가들은 서유럽과의 장벽을 허물고 활발한 교류에 나서고 있습니다. 국경을 초월한 교통 인프라의 건설은 운송비 절감과 에너지, 광물자원, 농산물의 보다 효율적인 이용을 가능하게 하고 있습니다. 만일 교역장벽을 단계적으로 허물면서 유라시아 지역이 자유무역지대화 되어 역내 경제통합이 가속화된다면, 유라시아는 유럽연합의 단일시장처럼 거대한 단일시장을 만들 수 있을 것입니다. 이러한 신 유라시아 건설은 단순한 이상과 꿈이 아니라 실현 가능한 목표입니다. 우리에게 펼쳐지는 새로운 유라시아는 새로운 투자와 일자리의 기회를 제공할 것이며, 다음 세대를 이끌어 갈 새로운 대륙으로서의 역할을 수행할 수 있을 것입니다. 하지만 유라시아 경제권의 동쪽 출발점이자 유라시아와 태평양을 잇는 관문인 한반도의 분단은 유라시아 교류협력에 병목현상을 일으키고 있습니다.

대양으로의 진출이 제한된 일부 내륙국들은 대외 교역과 투자 유치에 어려움을 겪고 있고, 유럽경제에 의존해 온 일부 유라시아 지역은 유로존 위기에 따라 큰 도전에 직면해 있습니다. 저는 이제 유라시아에 새로운 소통의 길을 열어 협력의 잠재력을 끌어내야 할 때라고 생각합니다. 단절과 고립, 긴장과 분쟁을 극복하고 소통과 개방으로 평화롭게 교류하며 함께 번영하는 새로운 유라시아를 건설해야 합니다. 이를 위해 저는 유라시아를 '하나의 대륙', '창조의 대륙', '평화의 대륙'으로 만들어가는 몇 가지 방향인 유라시아 이니셔티브를 제안합니다.

　　－ 박근혜 대통령 연설문, 2013년 10월 18일

이후 2013년 11월의 한-러 정상회담, 2014년 6월의 중앙아시아 순방, 2014년 10월 ASEM 정상회의에서 유라시아 이니셔티브 구상을 소개하고 지지를 확보하는 한편 과제 구체화 작업을 병행했다. 이를 바탕으로 2014년 12월, 추진방향과 과제를 구체화하여 '유라시아 이니셔티브 로드맵'을 대외경제장관회의에서 확정했다.

그리하여 2015년 2월 6일 〈제1차 유라시아 경협조정위원회〉를 개최하여 '유라시아 이니셔티브'를 본격적으로 가동하기 위한 통합 지원 체계를 출범시켰다. 유라시아위원회는 2014년 12월, 대외경제장관회의에서 확정된 '유라시아이니셔티브 로드맵'에 따른 범정부적 협의/조정기구다. 이 위원회에는 기획재정부, 외교부, 농림축산식품부, 산업통상자원부, 국토교통부, 해양수산부, 금융위원회, 미래창조과학부, 문화체육관광부, 보건복지부, 고용노동부, 통일부, 한국수출입은행, 대외경제정책연구원, 한국개발연구원, KOTRA 등 16개 정부기구가 참여한다. 하나의 위원회에 이렇게 많은 정부기구가 참여한 이유는 유라시아가 우리에게 그만큼 중요하고 미래의 성장동력, 경제발전의 키워드가 담겨 있기 때문이다.

풍부한 자원과 발전 잠재력이 무궁무진하지만 그동안 우리 기업 진출과 투자가 미진했던 중앙아, 몽골, 러시아 위주로 경협사업을 추진하고, 투자환경을 개선하는 협의 등을 통해 체계적/통합적으로 우리 기업의 진출을 뒷받침하는 기능을 한다. 국정 과제인 '유라시아 이니셔티브'를 속도감 있게 추진하기 위해 관계 부처 합동으로 마련한 '2015년 세부 추진계획'을 상정해 논의하는 한편 국토부의 '복합 교통/물류 국제 심포지엄 개최'와 KOTRA의 '유라시아 진출협의회 및 통합 정보포털 구축계획' 등 효과적인 추진 방안을 협의했다.

특히 2015년에는 유라시아 핵심 프로젝트를 본궤도에 올려놓을 수 있어야 한다는 데 인식을 함께했다. 경협위원회라는 통합 플랫폼을 통해 추진 과제들을 상호 연계해 감으로써 시너지를 높이면서 중앙아/

몽골 경협사업을 중심으로 구체적인 성과 사업을 발굴해 기업 진출을 적극 지원해나갈 것이다.

그 일환으로 유라시아 복합 교통/물류 네트워크 구축을 위한 국제 심포지엄을 2015년 9월에 개최한다. 2014년 10월 이탈리아 밀라노에 서 열린 제10차 ASEM 정상회의에서 우리의 제안으로 채택된 이 심 포지엄에는 ASEM 회원국의 교통물류장관과 전문가, 국제기구 등 500여 명이 참여해 역내 국가 및 관련 기구들의 유사계획을 연계하 고, 효과적인 네트워크 구축전략을 중점 모색할 계획이다.

유라시아 이니셔티브 로드맵 주요 추진 과제

사업 목적	내 용
경협 네트워크 구축 및 활성화	실크로드 익스프레스(SRX) 등 복합물류 네트워크와 초고속 통신망 및 에너지 네트워크를 구축
경협거점 확보 및 수요 창출	유라시아 주요 연결지점, 진출 대상지에 해외농장, 항만, 산업 단지 등 협력 거점을 단계적으로 조성
협력기반 조성	역내 교역·투자 활성화, 기업진출 촉진을 위해 투자환경 개선, 정보접근성 강화, 기업진출 편의 제공

출처 : 기획재정부 보도자료(2015.02.16), 유라시아 경협 및 기업 진출을 위한 베이스 캠프 : 제 1차 유라시아 경협조정위원회 개최.

아울러 KOTRA를 중심으로 기업 관점에서 현지 투자환경 개선, 프 로젝트 정보 확보 등을 지원해주는 '유라시아 진출협의회'를 구성해 본격 활동이 시작된다. 또한 유라시아와 관련해 산재된 지역정보를 통합하여 제공하는 수요자 관점의 포털 정보서비스도 선보인다. 통합 지원분과(기재부), 북방물류분과(해수부), 농업분과(농식품부) 외에 핵심 역할을 하는 분과는 국토부의 '복합 교통/물류분과'로 한국과 중국, 러시아, 유럽을 잇는 교통 대동맥을 실천해나간다.

▌유라시아 시대의 주인공은 KTX

유라시아 이니셔티브가 제시하는 주요 목표는 3가지다.

첫째, 유라시아를 진정한 '하나의 대륙'으로 다시 연결해서 새로운 시대를 열어야 한다.

둘째, 유라시아를 '창조의 대륙'으로 만들어야 한다.

셋째, 유라시아를 '평화의 대륙'으로 만들어야 한다.

이 3가지 목표 중 가장 중요하고 우선적으로 해결해야 하는 과제는 첫 번째의 '하나의 대륙으로 연결'하는 것이다. 이때 필요한 것이 바로 철도네트워크다. 박근혜 대통령은 연설에서

> 유라시아 내 끊어진 물류 네트워크를 연결하고 교류를 가로막는 물리적 장벽을 극복해야 할 것입니다. 유라시아 동북부를 철도와 도로로 연결하는 복합 물류 네트워크를 구축하고, 궁극적으로 이를 유럽까지 연결해서 부산을 출발해 북한, 러시아, 중국, 중앙아시아, 유럽을 관통하는 '실크로드 익스프레스(SRX)'를 실현해 나가야 합니다.

라고 강조했다.

다른 무엇보다 아시아의 끝이자 시작점이기도 한 부산에서 출발하여 드넓은 아시아 대륙과 유럽 대륙을 하나의 선으로 연결시키는 실크로드 익스프레스의 실현이 중요하다고 역설했다. 실크로드 익스프레스는 유럽 대륙의 끝에서 끝나는 것이 아니라 새롭게 열리고 있는 북극항로와 연계해서 유라시아의 동쪽 끝과 해양을 연계하는 역할도 한다.

그렇게 되면 유라시아 에너지 네트워크를 구축해 세계적인 에너지 생산국과 소비국이 공존하는 지역의 특성을 살려 역내 전력망, 가스관, 송유관을 비롯한 에너지 인프라를 연계할 수 있다. 중국의 셰일가스, 동시베리아의 석유, 가스 등을 공동 개발하는 원원의 유라시아 에너지 협력이 가능한 것이다. 또한 물류, 에너지 네트워크 강화는 물류 비용 절감과 전 세계적인 무역 활성화뿐만 아니라 글로벌 원자재 가격의 전반적인 안정을 통해 세계 경제성장에도 기여할 수 있다. 이러한 물류, 통상, 에너지 인프라의 토대 위에서 한국과 유라시아 국가들이 서로의 비교우위를 결합해 나가면 공동번영의 유라시아 시대를 앞당길 수 있다.

상상만으로도 가슴 뛰는 감동이다. 부산(서울)에서 KTX를 타고 북한의 청진/나진을 지나 러시아 블라디보스토크와 모스크바, 폴란드 바르샤바, 독일 베를린을 지나 네덜란드의 무역항이자 유럽의 끝인 로테르담까지 직행으로 갈 수 있는 것이다. 이 일은 어렵기는 해도 불가능하지는 않다. 우리 기술로 개발한 자랑스러운 KTX가 있으며 어떤 역경에도 굴하지 않고 미래를 개척해온 한민족의 저력과 의지가 있기 때문이다.

오랜 옛날, 드넓은 초원과 광활한 사막에서 말 달리던 유라시아의 우리 조상들은 험준한 산길과 사막의 모래바람을 뚫고 교류하면서 인류 문명에 큰 빛을 던져주었다. 오늘의 유라시아를 살아가는 우리 역시 평화와 번영의 새로운 유라시아 시대를 열기 위한 힘찬 도전의 길에 나서야 한다.

부록

01

기차역의
탄생

기차역은 인간의 삶 그 자체

—

기차역은 사람들이 떠나가고, 돌아오고, 만나는 곳이다. 하지만 그 원초적 기능에 머물지 않고 기차와 레일을 통해 기술을 발전시키고, 산업과 경제를 이끌고, 문화와 예술을 창조하는 역할까지 수행하게 되었다. 즉 역은 '기차를 타는 곳'이라는 본래 기능을 뛰어넘어 인간 삶을 아름답고 행복하게 만드는 숭고한 소명까지 하고 있는 것이다.

　기차와 역이 없는 세상을 상상할 수 있을까? 광활한 벌판에 직선으로 끝없이 뻗은 레일이 없는 풍경은 얼마나 삭막할까? 아름드리 숲 사이를 질주하는 기차가 없다면 낭만은 어디에서 찾을까? 코스모스 피어 있는 산골마을을 달리는 완행열차가 없었다면 내가 떠나온 정다운 고향의 정취는 어디에서 느낄까? 검은 연기를 내뿜으며 칙칙폭폭 달리는 기차가 없었다면 추억은 어떻게 간직할까? 첫사랑을 떠나보냈던 허름한 기차역이 없었다면 우리는 얼마나 메마른 세상에서 살게 되었을까? 그러기에 기차와 철길, 기차역은 인간의 삶 그 자체인 것이다.

▌'천둥번개' 같은 놀라움과 수탈의 역사를 지닌 철도

우리나라의 철도 역사는 지배와 수탈, 억압이라는 아픔을 안고 시작했다. 130여 년 전 우리 손으로 철도를 놓을 생각을 하지 못했고 기차를 계획하지 못했다. 생각은커녕 철도라는 것이 있다는 사실조차 알지 못했다. 기차를 탄 최초의 한국인은 조선 말 예조참의 김기수金綺秀로 파악된다. 그는 1876년 체결된 조일수호조규에 따라 4월 4일 수신사로 일본을 방문했고 5월 7일 요코하마에서 도쿄까지 기차를 탔다. 단군 이래 처음으로 기차를 탄 한국 사람인 것이다. 귀국 후 그는 저술한 〈일동기유日東記遊〉에 이 진귀한 기차 탑승 경험을 남겼다.

차마다 모두 바퀴가 있어 앞 차의 화륜이 한 번 구르면 여러 차의 바퀴가 따라서 모두 구르게 되는데 천둥 번개처럼 달리고 비바람처럼 날뛰어, 한 시간에 3~4백 리를 달린다고 하는데도 차체는 안온하여 조금도 요동하지 않는다. 다만 좌우의 산천, 초목, 옥택(屋宅), 인물만이 보이기는 하나, 앞뒤에서 번쩍번쩍하므로 도저히 걷잡을 수가 없다.

그가 탄 기차는 어쩌면 시속 **30~40km**였을 것이다. 그럼에도 그는 "기차가 천둥번개처럼 달린다"고 표현했다. 오늘날 시속 **300km**로 달리는 KTX를 탔다면 어떻게 표현했을까? 아마 혼비백산魂飛魄散이라 하지 않았을까?

김기수의 경이로움과 달리 우리나라 철도는 서구 열강과 일본 제국주의의 야욕으로 시작되어 서글픈 첫걸음을 내딛었다. 자료를 보면 철도에 대한 근대 한국인의 저항이 어느 정도였는지 쉽게 짐작할 수 있다.

1904년 9월 21일 오전 10시경 한국인 김성삼, 이춘근, 안순서 등 3명이 일본 병참사령부에 의해 용산에서 총살되었다. 그들의 혐의는 군용철도 부설을 방해했다는 것이었다. 사형 집행에 대한 통지를 받은 한성부는 관리를 급파했지만 이미 총살형이 집행되어 어쩔 수 없었다.

– 〈간이역과 사람들〉

"양귀는 화륜선을 타고 오고 왜귀는 철차를 타고 몰려든다."

공사 중에 있던 서울–의주 간 전략적인 철도선은 일인들의 가혹한 야만성과 잔인성의 무대가 되었다. 부근 농민들과 부녀자들, 심지어는 어린이들까지 아무런 보수 없이 이 사업에 동원되었으며, 철도 가설 작업에 채찍으로 혹사당했다. 최근에는 차마 볼 수 없는 사건이 발생했다. 어떤 소년들이 몽둥이를 가지고 철로 위에서 놀다가 철도 위에 몽둥이를 하나 남겨 두었다. 일본인들은 소년을 붙들어서 총살시켰다. 이 범죄자는 겨우 7살이었다.

– 윤병석, 〈이상설전〉, 일조각

일제에 저항하는 철도 투쟁은 전국 곳곳에서 끊임없이 일어났다. 1904년 한일의정서 체결 이후 의병이 봉기하여 반反 철도 항일투쟁을 전개했다. 이들은 선로 위에 돌이나 화약 등을 올려놓아 열차 충돌을 일으켰고 달리는 열차에 돌멩이를 던져 유리창을 깨기도 하고 철도전선, 철도시설을 파괴함으로써 일제의 침탈에 대항했다. 1907년 9월 29일에는 의병들이 경부선의 증약(충북 옥천)−대전 간의 선로 위에 공사용 석재를 올려놓았다. 그로 인해 열차가 충돌해 승객 5명이 즉사하고 52명이 중경상을 입었다. 승객의 대부분은 일본군이었다.

이외에도 철도 저항의 사례는 무수히 많다. 그러나 철도는 나날이 확충되었고 우리나라의 전체 모습과 삶의 근간을 바꾸어 나갔다. 100년의 세월이 흐르는 동안 철도는 수탈과 침략의 멍에를 벗고 일상생활과 경제발전의 바탕이 되었다.

▌ 100개의 노선과 1000개의 역

비록 슬픈 역사로 출발했지만 한국의 철도는 짧은 시간 동안 비약적인 발전을 이루었다. 1899년 9월 18일 노량진역을 출발한 '모갈 1호'가 인천을 향해 달림으로써(경인선) 한반도에 첫 기적소리를 울렸다. 2004년 4월 1일 KTX가 서울을 출발해 부산을 향해 달림으로써 우리나라는 세계에서 5번째로 고속철도를 갖게 되었다. 시속 20km의 모갈 1호에서 시속 300km의 KTX까지 오는 데 105년이 걸렸다.

* 우리나라 철도가 걸어온 길

1877 김기수가 〈일동기유日東記遊〉를 통해 처음으로 철도 소개

1892 일본인 철도기사가 부산-서울 철도도면 작성

1894 내각 공무아문에 최초의 철도기구인 철도국 설치

1896 미국인 제임스 모스James R. Morse에게 경인철도 부설권 특허

1896 프랑스 휘브릴 회사에게 경의철도 부설권 특허

1897 인천에서 경인철도 기공식

1899 경인선(인천-노량진) 33.2km 개통

1900 한강철교 준공

1905 경부선(서울-부산 초량) 445.6km 개통

1906 경의선(용산-신의주) 499.3km 개통

1908 부산-신의주 융희호(급행) 운행 개시

1910 조선총독부에 철도국 설치

1912 군산선(군산-익산) 24.7km 개통

1914 호남선(대전-목포) 261.7km 개통

1914 경원선(용산-원산) 223.7km 개통

1918 대구선(대구-영천) 38.4km 개통

1919 경성철도학교 개교

1922 장항선(천안-온양) 19.7km 개통

1925 서울역사 신축 준공

1930 수여선(수원-여주) 협궤선 73.4km 개통

1931 금강산 전철 (철원-내금강) 116.6km 개통

1931 장항선 (천안-장항) 144.2km 개통

1935 동해남부선 (부산진-포항) 147.8km 개통

1936 울산-경주 협궤선 41km를 표준궤선으로 준공

1936 전라선 (익산-여수) 147.8km 개통

1937 수인선 (수원-남인천) 52km 개통

1937 철도기념일 제정

1937 동해북부선 (안변-양양) 192.6km 개통

1939 서울-대전 복선 준공

1939 경춘선 (청량리-춘천) 87.3km 개통

1940 영동선 (철암-묵호) 143.5km 개통

1942 중앙선 (청량리-경주) 382.7km 개통

1943 경의선 복선 개통

1945 미 군정청 교통국 설치

1946 서울-부산 특별급행열차 '조선해방자호' 운행

1948 대한민국 정부에 교통부 설치

1950 한국전쟁 발발로 교통부 부산으로 이전

1951 유엔군 디젤전기기관차 35량 군용으로 반입(후에 우리나라가 4대 인수)

1955 서울-부산 특급열차인 '통일호' 운행

1955 문경선 (점촌-가은) 22.5km 개통

1955 영암선 (영주-철암) 86.4km 개통

1958 충북선 (조치원-봉양) 129.2km 개통

1958 강경선 (강경-연무대) 5.8km 개통

1961 객차내에 선풍기 설치

1963 서울교외선 (의정부-능곡) 31.8km 개통

1963 철도청 발족

1963 영동선 (동해-경포대) 50.9km 개통

1964 철도의 날 제정

1966 경북선 (점촌-영주) 57.5km 개통

1967 증기기관차 운행 종료

1968 경전선 (진주-순천) 80.5km 개통

1969 경인선 (서울-인천) 복선

1971 정선선 (정선-여량) 15.8km 개통

1972 전기기관차 최초 도입

1972 수여선 폐선

1972 컨테이너 화물 수송 개시

1973 중앙선 (청량리-제천) 155.2km 전철 개통

1974 태백선 (제천-고한) 155.2km 전철 개통

1974 수도권 전철 (서울-인천/수원, 용산-성북) 개통

1975 영동/태백선 (고한-동해) 85.5km 전철 개통

1977 이리역 폭발사고

1978 호남선 (서대전-익산) 88.6km 복선

1980 충북선 (조치원-봉양) 113.2km 복선

1981 수원-영등포 복복선 전철화

1985 경원선 (성북-창동) 복선 전철 개통

1988 안산선 (금정-안산) 복선 전철 개통

1992 경부고속철 기공

1994 과천선 (금정-남태령) 복선 전철 개통

1994 분당선 (수서-오리) 복선 전철 개통

1995 수인선 (수원-남인천) 폐선

1996 일산선 (지축-대화) 복선 전철 개통

1997 영동선 (영주-철암) 전철화

1998 철도청 정부대전청사로 이전

1999 경인선 (구로-부평) 2복선 전철 개통

2000 경의선 철도연결공사 착공

2002 경인선 (부평-주안) 2복선 전철 개통

2003 분당선 (수서-선릉) 연장 개통

2004 고속철도 경부선, 호남선 개통

2004 에드먼슨식 승차권 사용 종료

2005 한국철도공사 출범

2010 경부고속철도 2단계 개통(서울-부산 2:18분)

2010 전라선 고속철도 (익산-여수) 개통

2010 경춘선 복선전철 개통(기존 열차 폐지)

2014 고속철도 인천공항역 연장운행

2015 호남고속철 (오송-광주/송정) 개통

2016 수서고속철(수서~평택) 개통

- 출처 : 손길신 〈철도 이야기〉

앞으로의 105년 후에 철도의 모습은 어떻게 달라질까? 이 질문에 섣불리 답하기는 어렵다. 철도 기술은 우리의 상상 이상으로 빠르고 다양하게 변화하기 때문이다.

경인선이 개통된 후 105년 동안 한국의 철도노선은 몇 개로 증가했을까? 그 이름을 모두 맞힐 수 있을까? 학창시절에 지리 과목에서 만점을 받은 사람이라 해도 이 질문에 답하기란 쉽지 않다. 경부선, 호남선, 중앙선, 영동선 등 10개 안팎의 노선만 말해도 지리 상식이 풍부하다 할 수 있다. 우리나라 철도노선은 2015년 1월 현재 55개에 달한다. 많은 사람들이 이렇게 많은 철도노선이 있느냐고 놀라는 수치이다.

* 우리나라의 주요 철도노선

1. 경부고속선 : 서울역에서 부산 초량동 부산역까지

2. 경부선 : 서울과 부산을 잇는 복선철도

3. 중앙선 : 청량리역 경주역을 잇는 철도선

4. 호남선 : 경부선의 대전과 전남 목포를 잇는 철도선

5. 전라선 : 호남선의 익산과 여수를 잇는 철도선

6. 충북선 : 경부선의 조치원역과 중앙선의 봉양역을 잇는 철도선

7. 경인선 : 서울과 인천을 잇는 한국 최초의 철도

8. 장항선 : 경부선의 천안과 금강 하구의 장항 사이를 잇는 철도선

9. 경의선 : 서울과 신의주를 잇는 복선철도

10. 용산선 : 용산에서 수색까지의 철도

11. 경원선 : 서울에서 북한 원산까지 잇는 철도

12. 경춘선 : 청량리역과 강원 춘천역을 잇는 철도

13. 교외선 : 고양시 능곡과 의정부를 달리는 철도

14. 망우선 : 중앙선의 망우역과 경원·경춘선의 분기점인 성북역 사이를 잇는 철도선

15. 남부화물기지선 : 부곡에서 의왕까지 달리는 화물철도선

16. 남포선 : 장항선의 남포역과 성주탄좌聖住炭座 입구인 옥마玉馬를 연결하는 철도

17. 안산선 : 오이도에서 금정까지

18. 과천선 : 선바위에서 금정까지

19. 분당선 : 오리에서 왕십리까지

20. 일산선 : 대화에서 지축

21. 경북선 : 경북 김천과 영주를 잇는 단선철도

22. 문경선 : 경북 점촌과 문경을 연결하는 철도

23. 군산선 : 호남선의 익산역에서 분기하여 군산항에 이르는 철도선

24. 옥구선 : 옥구에서 군산까지

25. 강경선 : 호남선의 채운에서 연무대에 이르는 철도

26. 광주선 : 광주의 송정과 전남 순천을 잇는 철도

27. 북전주선 : 전북 북전주에서 동산까지

28. 여천선 : 전남 여수 덕양역과 적량역을 잇는 철도

29. 광양제철선 : 전남 황길에서 태금까지

30. 광양항선 : 전남 황길에서 광양항까지

31. 영동선 : 경북 영주와 강원 강릉 사이를 잇는 철도

32. 정선선 : 증산에서 구절리까지

33. 함백선 : 강원 정선군 예미와 함백을 잇는 철도

34. 삼척선 : 강원도 동해역과 삼척역을 잇는 단선철도

35. 태백선 : 충북 제천에서 강원 태백의 백산역에 이르는 산업철도

36. 묵호항선 : 강원도 동해와 묵호항까지

37. 북평선 : 강원도 동해 북평역과 삼화역을 잇는 철도

38. 동해남부선 : 부산 부산진구와 경북 포항 사이를 잇는 철도선

39. 온산선 : 덕하에서 온산까지

40. 장생포선 : 울산의 야음 신호소와 장생포 사이를 잇는 철도선(일명 우암선)

41. 울산항선 : 울산에서 울산항까지

42. 괴동선 : 효자에서 괴동까지

43. 진해선 : 경전선의 창원역과 진해 사이를 잇는 철도

44. 대구선 : 대구~영천 간을 연결하는 철도

45. 가야선 : 부산 사상에서 범일까지

46. 부전선 : 함남 함흥과 부전호반을 잇는 철도(일명 신흥선)

47. 경전선 : 경부선의 경남 밀양의 삼랑진과 호남선의 광주 송정리를 잇는
철도

48. 인천국제공항선 : 서울역에서 인천국제공항까지

그렇다면 역은 몇 개나 될까? 이 역시 대답하기 쉽지 않다. 그 이유

는 역의 정의를 어떻게 내려야 하는지 모호하기 때문이다. 역에는 역사驛舍가 있고, 역무원이 있고, 승객이 있고, 기차가 정차해야 하지만 우리나라 역 중에는 역무원이 없는 곳도 있고, 기차가 서지 않는 역도 있고, 역 건물 자체가 없는 역도 있다. 옛날 경의선 곡산역은 논길 한 가운데에 곡산역이라는 팻말 하나와 플라스틱 의자 서너 개, 그 위에 햇빛 가리개만 덜렁 놓여 있었다. 그런데도 기차가 섰고, 승객이 타고 내렸다. 그런 역까지 모두 합하면 우리나라에는 813개의 역이 있다. 굉장히 많은 역이 있는데 이 중에는 중복되는 역도 있다. 예컨대 영동선의 기점인 영주역은 3개이고, 용산역은 4개이다. 이들을 하나로 보면 실제 역은 732개가 된다. 또 화물선이나 폐선을 제외한 일반 철도선에 설치된 역은 597역이다. 보통역이 358개(60%)로 가장 많고, 배치간이역이 28개(4.7%), 무배치간이역이 114개(19.1%), 운전간이역이 18개(3%)를 차지한다.

우리나라 기차역의 변화

연도	합계	무배치 간이역	배치 간이역	운전 간이역	보통역	신호소	신호장	조차장
1964	501	38	78	3	370	7	5	0
1970	585	75	55	4	438	6	6	1
1980	585	72	29	4	444	4	30	2
1990	598	90	39	27	406	5	29	2
2000	638	112	72	46	375	4	27	2
2010	652	221	40	0	355	4	30	2
2014	669	311			319	5	32	2

출처 : 철도산업정보센터(http://www.kric.or.kr)

기차역은 계속 탄생되고 없어지고 통합되고 이전되기 때문에 정확한 숫자를 말하기 어렵다. 우리나라가 더 발달할수록 레일은 사방팔방으로 확장될 것이며 역의 숫자도 증가할 것이다. 55개 노선이 100개 노선으로 늘어나고, 813개 역이 1000개를 훌쩍 넘을 날도 곧 다가올 것이다.

02

숫자로 본
고속철도

KTX에는 어떤 숫자가 담겨 있을까

–

KTX에는 우리의 생각 이상으로 많은 숫자가 담겨 있다. 그 숫자들은 KXT가 만들어지고, 운행되는 데 중요한 역할을 한다. 과연 어떤 숫자들이 KTX를 이루고 있는지 살펴보자.

● 1cm

교량의 허용 수평변위량 : 무게가 약 771톤에 달하는 고속열차가 최고속도인 시속 300km로 달리다가 급정차할 경우 레일이 진행 방향으로 받는 힘은 177톤에 달한다. 열차가 고속철도 교량 위에서 급정차할 때도 교량을 지탱하는 각종 구조물이 수평방향으로 밀리

는 정도는 1cm미만이어야 한다. KTCX 토목구조물의 정밀도를 상
징적으로 나타내는 숫자이다.

- 2곳

고속열차 차량기지의 수 : 열차의 성능을 점검·정비하고 운행에
투입되지 않는 열차를 주차하기 위한 시설이 차량기지다. 경부고속
철 시/종착지인 서울과 부산에 있다. 서울차량기지는 경기도 고양
시 강매동에 135만㎡(41만평), 부산차량기지는 부산 진구 당감동에
36만㎡(11만평)의 규모이다.

- 5m

궤도중심 간격 : 고속철도는 복선으로서 2개의 선로가 있으며 상·
하행 선로 중심점 간의 거리는 5m이다. 고속으로 교차 주행하는
열차간 풍압의 영향을 줄이기 위하여 보통 철도의 궤도중심 간격
4m~4.5m 보다 더 넓게 건설했다.

- 20량

열차 1편성당 차량의 수 : 열차 1편성은 모두 20량의 차량으로 구
성되며 그 순서는 동력차–동력객차–일반객차 16량–동력객차–동
력차로 되어 있다. 열차 양 끝단에 위치한 동력차는 열차의 각종 기
능을 제어하는 운전실과 견인력을 얻고 제어할 수 있는 장치가 설
치되어 있는 차량이다. 동력객차는 동력차에 연결되어 있으며 기계

실과 승객이 탑승하는 객실이 함께 있는 차량이다. 일반객차는 의자 및 승객 편의설비를 갖춘 차량이다. 열차 편성은 승객 수요나 열차 운영방법에 따라 16량을 1편성으로 조성할 수도 있다.

- 23.37억 달러

  고속철도 사업비 중 공공차관 도입액 : 경부고속철도의 사업비 중 정부지원 45% 외에는 고속철도건설공단이 채권발행 등을 통해 조달했다. 프랑스로부터 도입되는 고속열차의 구입비로 프랑스측이 제공한 공공차관 23억37백만 달러가 포함되어 있으며 전체 사업비의 24% 정도에 해당한다.

- 25‰

  가장 급한 경사도 : 경부고속철도 구간 중 기울기가 가장 심한 곳의 경사이다. 일본 신칸센은 15‰, 프랑스는 25‰, 독일은 12.5‰, 스페인은 12.5‰이다.

- 25kV

  고속열차 사용전압 : 전기를 동력원으로 하는 고속열차의 사용전압이다. 주파수는 60hz이다.

- 18개

  노반공사 공구의 수 : 경부고속철도 2단계 사업은 대구~부산 간

122.8㎞ 구간을 총 18개 공구로 나누어 건설했다. 1개 공구는 평균 9.4km이다.

- 46편성

  열차의 편성 수 : 경부고속철도는 프랑스 알스톰사가 제작한 테제 베열차를 기본으로 설계 및 제작되어 총 46편성이 도입되었다. 12 편성은 프랑스 알스톰의 기술진에 의해 직접 제작되고, 나머지 34 편성은 열차의 설계 및 제작기술의 국산화 기반기술 확보를 위해 (주)로템(현대정공, 대우중공업, 한진중공업의 통합법인)이 알스톰 기술 감리 를 받아 제작하였다. KTX는 기존 테제베에 한국의 겨울 날씨에 대 비하는 등 우리의 조건에 적합하도록 했다.

- 52만명

  일일 최대수송능력 : 하루에 서울-부산을 최대로 수송할 수 있는 인원. 52만명=935명(1편성당 승차정원)×240회×2(왕복)×1.15(좌석이용률) 이다.

- 57.2km

  시험선 구간의 길이 : 고속철도는 국내산업 육성과 첨단기술 이전 및 국내 파급을 위하여 노반은 우리 기술로 시공하고 차량 등 핵심 부문만 외국으로부터 도입하는 분리발주 방식으로 추진하였다. 시 험선 건설은 서울~부산 418.7km중 천안~대전 57.2km 구간을 우선 건설한 뒤 시속 300km의 최고속도를 시험 운행하면서 기술적 연계성과 안전성을 검증했다.

- 160분

  서울−부산 운행시간 : 서울에서 부산까지 대전·대구 2개 역을 정차하면 160분이 소요된다.

- 170.3km

  터널구간 총연장 : 터널은 전부 92개로 전체 길이는 170.3km이다. 이는 서울−부산 418.6㎞의 40.8%를 차지한다. 우리나라 지형특성상 장대 터널이 대부분인데 가장 긴 것은 부산 금정터널로 20.3km이다.

- 204억 원

  1km당 노반공사비 평균 단가 : 1998년 사업계획을 변경하면서 1993년 이후 발생한 물가상승률, 실제 계약금액 등을 종합적으로 반영하여 총사업비를 재산정했는데, 그 결과 산정된 노반공사에 대한 단가이다.

- 213km/h

  평균운행속도 : 서울−부산 전 구간에 고속철도가 완공되어 대전·대구 2개역 정차를 기준으로 운행할 경우의 평균 운행속도이다. 전

구간 무정차시에는 시속 231km이며 천안·대전·대구·경주 등 4개역 정차 시에는 시속 193km이다.

- 300km/h

  최고운행속도 : 경부고속열차의 최고운행속도이다. 서울에서 부산까지 418.7km를 고속선로로 주행하면 2시간 10분이 소요된다. 출발 후 최고속도인 시속 300km에 달할 때까지는 6분 5초가 소요되며, 서울-부산 간에 시속 300km로 운행되는 구간은 172.2km(41.9%)이며 운행시간은 35분(31%)이다. 열차가 운전 중 과속하여 시속 315km를 넘으면 신호시스템에 의해 자동으로 정지한다. 새마을호 열차의 최고속도는 시속 150km이다.

- 350km/h

  최고설계속도 : 고속철도는 앞으로의 속도 향상 추세 등을 종합적으로 고려하여 최고설계속도를 시속 350km로 결정하였다. 이는 현재 개발되어 운행 중인 외국의 고속철도 운행속도, 차량의 성능 개발, 시설 개량, 안전운행, 비용, 운행효율성 등을 종합적으로 검토한 속도이다.

- 388m

  열차 1편성의 길이 : 고속철도 열차의 1편성은 20량으로 동력차 2량, 동력객차 2량, 일반객차 16량으로 구성되어 있고 전체 길이는

388m이다. 각 차량의 길이는 동력차 22.6m, 동력객차 21.8m, 일반객차 18.7m이다.

● 417.4km

서울—부산 총길이 : 서울역에서 천안, 대전, 대구, 경주를 경유하여 부산까지 전 구간에 고속철도를 건설하는 길이다. 서울~광명 21.9㎞, 광명~대전 137.9㎞, 대전~동대구 133.3㎞, 동대구~부산 115.4㎞이다.

● 475.9억 원

1km당 사업비 : 경부고속철도의 건설비, 차량비 등을 포함한 전체 사업비 18조 4,358억 원('98.1.1.기준)을 거리 418.7km로 나눈 1km당 사업비이다. 사업비에는 열차 구입비, 기존 시설 정비비가 포함되었다.

● 605만평

소요 용지 면적 : 고속철도의 선로, 차량기지, 정차장 및 기반시설 이전 용지 등을 포함해 경부고속철 건설에 필요로 하는 전체 토지면적(19,980천㎡)이다. 토지를 매입하는 데 사용된 보상비는 1조 3,929억 원이다.

- 600톤

  열차 최대 제동하중 : 열차가 급정지할 때에는 제동하중, 출발할 때는 시동하중이 각각 작용한다. 고속철도는 세계철도연맹UIC 기준에 의해 시동하중 최댓값은 100톤 이하, 제동하중은 UIC 및 프랑스 테제베 기준을 근거로 최댓값을 600톤 이하로 하고 있다.

- 771.2톤

  승객 탑승시의 열차 총 중량 : 고속철 1편성 20량에 승객 935명이 모두 탑승한 상태에서의 최대중량이다.

- 935명

  열차 1편성당 수송인원 : 열차 1편성의 좌석 수. 일등실 127석과 이등실 808석으로 구성된다. 일등실는 4량이고 이등실은 14량이다. 일등실은 좌석이 25~35석, 이등실은 56~60석이다. 승객 편의시설로는 화장실 18개, 비디오 모니터 44개, 자판기가 13개 있으며, 그밖에 음식 저장설비, 장애인용 좌석과 화장실 등이 있다.

- 988.7km

  전체 궤도연장 : 서울~부산 고속철도에 상·하행선으로 설치되는 본선 궤도 832.3km과 측선 58.2km, 중앙궤도기지 31.9km 기타 66.3km 등을 포함한 전체 궤도연장이다.

- 14,010kwh

  총 소비전력량 : 서울에서 부산까지 1편성의 열차가 운행하는 데 소비되는 에너지 총량이다. 중간역 무정차, 격역 정차 또는 각 역 정차 등 운행방법에 따라 약간씩 차이가 있다.

- 20조 6,831억 원

  총사업비 : 2009. 12월 기준으로 산정된 고속철도 1, 2단계를 합한 사업비 총액이다. 1단계 총사업비는 12조 7.377억 원이며, 2단계 총사업비는 7조 9,454억 원이다.

* 자료 출처 : 국토교통부

KTX 경제 혁명

지은이 오재학·권영종·최진석·이주연
1판 1쇄 인쇄일 2017년 12월 15일
1판 1쇄 발행일 2017년 12월 31일

펴낸곳 트러스트북스
펴낸이 박현

등록번호 제2014-000225호
등록일자 2013년 12월 03일

주소 서울시 마포구 서교동 성미산로 2길 33 성광빌딩 202호
전화 (02) 322-3409
팩스 (02) 6933-6505
이메일 trustbooks@naver.com

값 15,000원
ISBN 979-11-956754-7-0 03320

믿고 보는 책, 트러스트북스는 독자 여러분의 의견을 소중히 여기며, 출판에 뜻이 있는 분들의
원고를 기다리고 있습니다.